建校百年·哈工大人系列丛书

Harbin Institute of Technology

哈工大人在海外

《哈工大人在海外》编委会 编

哈尔滨工业大学出版社

图书在版编目(CIP)数据

哈工大人在海外 /《哈工大人在海外》编委会编. —哈尔滨:哈尔滨工业大学出版社,2020.8
ISBN 978-7-5603-8795-6

Ⅰ.①哈… Ⅱ.①哈… Ⅲ.①哈尔滨工业大学—校友—生平事迹 Ⅳ.①K820.7

中国版本图书馆CIP数据核字(2020)第071238号

哈工大人在海外

HAGONGDA REN ZAI HAIWAI

策划编辑　李艳文　范业婷
责任编辑　王晓丹　付中英
装帧设计　屈　佳
出版发行　哈尔滨工业大学出版社
社　　址　哈尔滨市南岗区复华四道街10号　邮编150006
传　　真　0451-86414749
网　　址　http://hitpress.hit.edu.cn
印　　刷　哈尔滨市石桥印务有限公司
开　　本　787mm×1092mm　1/16　印张21.25　字数270千字
版　　次　2020年8月第1版　2020年8月第1次印刷
书　　号　ISBN 978-7-5603-8795-6
定　　价　100.00元

(如因印刷质量问题影响阅读,我社负责调换)

编委会

顾　　　问	杨士勤　景　瑞　孙和义　强文义
主　　　编	吴　菁
执 行 主 编	林　军　赵青晖
英国区主编	王礼良　田应涛
北美区主编	吴　菁
编　　　委	林恩浩　陈筱倩　刘　彤
特 约 记 者	沈子清
荣 誉 赞 助	朱晓蕊　金海平

祝母校百年华诞　生日快乐

规格严格
养育栋梁兴华夏
功夫到家
栽培桃李遍天涯

哈工大北美硅谷校友会
加拿大校友会
美国校友会

吴林书记题字

序言

哈尔滨工业大学在历史上就是一所国际性大学。从 1920 年建校到新中国成立前，哈工大一直采用俄式或日式办学，具有鲜明的国际化大学办学特征，培养了数千名中、日、俄、澳及东欧的跨国人才。1951 年，哈工大就被确定为全国学习苏联高等教育办学模式的两所示范性大学之一。从 1978 年改革开放至今，哈工大送到国外的留学人员共有约 3 万人，他们中的大多数已学成回国，也有少部分留在国外工作生活，其中不少校友在海外取得了不凡的成就，为母校在海外扩大影响，增添光彩。

本书收集了近三十名较有代表性的哈工大海外校友的事迹，介绍了他们在海外求学、工作及生活的奋斗事迹及心路历程。他们中大部分人从事学术及高科技行业，也有人转行从事商业及社会活动；有人已成为学术界及工业界领袖的成功人士，也有人尚在求学探索；有人在高校、科研机构及公司上班，也有人在独立创业。他们在海外向人们展示了哈工大校友踏实严谨、功夫过硬、品格优良的良好形象。他们丰富多彩的经历，对我们的校友及在校学生有很好的借鉴、鼓舞作用。

由于语言、文化差异及经济压力，海外学子往往要面临学业、工作及生活上的许多巨大挑战。每一个前进的脚印都伴随着拼搏的汗水，每一次成功的背后都有难言的艰辛。遇到困难挫折时，当年在母校打下的学业基础就成了他们坚固的战车，"规格严格，功夫到家"的校训就成了他们攻城拔寨的利器。每当回首在校的青春岁月，他们都特别感恩母校的栽培和师长的教诲。

正如滔滔不绝的松花江水，一代又一代的哈工大人薪火相传，足迹遍布。哈工大百年树人，勇担各个时代的重任。建设世界一流大学呼唤哈工大学子继往开来、胸怀祖国、放眼世界、积极进取，为科技发展及人类的共同福祉做更大的贡献！

目　录

1 / 美国篇

胡安仁 6151
为航天梦奉献一生的哈工大人 / 4

俞增平 7665
哈工大的渊源　铺就医疗器械创新路 / 20

张裕明 7741
哈工大求学生涯 / 36

金海平 8081
泰为创始人金海平 / 48

秦　红 工民建 88-1
仿佛永远分离　却永远相依 / 56

刘亚洲 93062
为亚裔发声的哈工大人 / 64

朱　军 9307 研
哈工大奠基踏上创业征程 / 78

朱晓蕊 94011
与哈工大的不解之缘 / 86

| 戎亦文 | 0136002
做一个对世界充满好奇心的人 / 94 |

| 龚超慧 | 0608108
与机器人结缘 从哈工大开始 / 100 |

| 刘天强 | 威海 0304102
纷繁往事 / 106 |

| 薛　婧 | 0321201
良好心态成就美好人生 / 116 |

2 / 加拿大篇

| 宋纪平 | 8061
"理工男"的教育集团 / 126 |

| 王　铸 | 8093
马不扬鞭自奋蹄 / 134 |

| 侯　明 | 85951
青春峥嵘工大稠　游子泉报母校恩 / 146 |

| 徐开宏 | 供热86-2
情系教育　引领创新　主流尊敬 / 200 |

| 李文凯 | 87833
从哈尔滨到北京再到多伦多 / 212 |

| 陕晋军 | 93 级航天学院飞行器设计专业
加拿大航天领域璀璨发光的哈工大人 / 222 |

于　多　　96 年 14 系教师
　　　　　苔花如米小　也学牡丹开 / 238

3 / 英国篇

孙　彤　　8612
　　　　　光纤传感——从实验室走向工业界 / 256

李　慷　　89 四系研
　　　　　饮水思源　感恩工大 / 264

彭华新　　9092 研
　　　　　情有独钟哈工大　锐意进取谱篇章 / 272

罗熙淳　　980303 博
　　　　　结缘超精密加工 / 282

田应涛　　0029103
　　　　　焊接理想　铸造辉煌 / 292

贾光磊
马　欢　　0021218
　　　　　回忆哈工大 / 300

童　振　　08 研机械 7 班
　　　　　勇于创新　敢于实践 / 308

郑凯伦　　0709103
　　　　　回忆哈工大 / 318

王　一　　0808101
　　　　　薪火相传　做新时代的哈工大人 / 324

1／美国篇

2019年7月,哈工大美国北加州硅谷校友会与来美探亲的杨士勤校长及蔡七雄夫人合影

哈工大人 **在海外** 　　胡安仁
HAGONGDA REN ZAI HAIWAI

　　哈尔滨工业大学工程力学系1966届毕业生，1978年飞行总体研究室研究生，同年秋又以哈工大第一名的成绩考取改革开放后教育部首批赴美博士生。1987年在美国普渡大学航空航天学院获博士学位后，胡安仁开始在美国航天工业界工作，在重要国际学术期刊和国际会议上前后发表学术论文二十余篇。1996—2015年胡安仁作为美国Orbital Sciences公司的资深软件工程师为NASA（美国国家宇航局）服务。几十年来他为哈勃太空望远镜、航天飞机、国际空间站、"地球观测系统"（EOS）和"月球勘测轨道飞行器"（LRO）等一系列NASA重大航天项目飞行软件的研发事业尽责尽力，并多次获得NASA表彰。

为航天梦奉献一生的哈工大人

几年前从 NASA 退休的胡安仁,还清楚地记得 1962 年那个神秘的黑夜,那晚哈尔滨主要街道戒备森严,一枚代号为"1059"的"东风一号"样品——我国不久前成功发射的近程导弹,悄悄运进了胡安仁当时就读的哈工大工程力学系实验室,供教学使用。从此以后,工程力学系教学楼门口便有目光炯炯、威风凛凛的解放军战士站岗,进出必须出示特别证件。这让一些外系的同学说起此事都为之羡慕,也让当时的胡安仁倍感自豪。

入学哈工大

1961 年秋,哈工大在上海招了 90 多名学生,开学前,哈工大团委书记袁礼周老师亲自带领他们从上海远赴哈尔滨报到。

9 月 6 日晚 11 点,列车汽笛一声长鸣,伴着车轮与铁轨的撞击声,来自上海向明中学的胡安仁离开了故乡上海,历经 90 个小时车程,抵达哈尔滨。与胡安仁同行的同系上海同学还有市南中学李德昌、五爱中学李志明和崇明中学顾乾康。

那年,哈工大以航空工程系的名义在上海招收了包括胡安仁四人在内的十几名新生,在赴哈的火车上他们四人均以为日后要为祖国飞机设计事业贡献力量，为此兴奋不已。

但事实上，还有更大的惊喜在等着他们。

当这批上海学生抵哈，领队袁礼周在航空系学生集合点名完毕后，留下了胡安仁、李德昌、李志明和顾乾康四人，并神秘地告诉他们另有安排。据胡安仁后来回忆，学校将他们安置到工程力学老五系的寝室里，那儿每个房间门旁都贴着墨迹刚干的标语，上书："欢迎你来到最理想的地方。"

这个神秘的"最理想的地方"的谜底直到入学的第二天才被揭晓。

在次日举行的新生大会上，时任哈工大工程力学系（火箭工程系）系主任赵清惠告诉全体新生，包括胡安仁几人，他们并非要去航空工程系学习飞机设计，而是"来到我们"工程力学系，为祖国的火箭设计事业奋斗终生。之所以以航空工程系的名义录取他们，是因为事情涉及机密，需严守保密守则，连父母都不能告诉，即便他们是党员干部也不例外。

就这样，胡安仁在哈工大开始了火箭工程专业的学习和研究。

大学五年里，胡安仁各科成绩十分优秀。他在上海向明中学时就着手自学微积分和普通物理，因此日后在数学、物理和理论力学课堂上的表现令人称羡。此外，胡安仁在一篇回忆文章中还写过一件小事儿：1961年刚入学哈工大时，开学前夕胡安仁领到了新书，出于好奇他抽空把英语书通读了一遍，读后令他大失所望，因为厚厚一本书中不认识的单词寥寥可数，不懂的语法知识也没多少。当然，这是当时特殊环境使然，因为那时英语教育在全国尚未完善，各地新生之间英语水平参差不齐、相差悬殊，为了迁就"后进"学生，全国范围内各个学校不得不降低教材水平。但是，对于胡安仁来说，从音标开始学起，确实有点浪费时间。为能加快学习进度，胡安仁用了几天时间把教科书慢慢读毕，把为数不多的生词和词组一一列出，再挑"难度较大"的练习细细解答，又把后半册课文从头至尾好好译出，做成了练习本，交给了当时的英语老师王士秀。王士秀看后很快就宣布让胡安仁免修他的英语课，以助其更合理利用时间，在基础课和专业课上加强钻研，并直接阅读英语科技文献。

多年以后，每提及此事，胡安仁都对哈工大和王士秀老师的因材施教感到庆幸，毕竟这样的教学方式在那个保守的年代并不多见。

胡安仁英语免修一事也"惊动"了系领导，不久，系主任赵清惠在全系大会上予以表扬，还特批他可以自由出入系里为毕业班和老师专设的保密资料室，内有多种最新外文高科技期刊。赵清惠知道胡安仁数理基础也相当扎实，勉励他学好基础课，练好基本功，做到规格严格，功夫到家，尤其要培养独立工作能力。

组织的信任与关怀使胡安仁深受鼓舞，他深知获得独立工作能力的第一步是要善于独立获取新的知识。数学老师田重冬和理论力学老师周科健等在辅导他时建议他不必局限于当时国内工科大学通用教材——樊映川的《高等数学》和哈工大的《理论力学》。在他们的悉心指导下，胡安仁发奋攻读艰深的相应理科教材——斯米尔诺夫的《高等数学》和洛强斯基的《理论力学》，他广泛阅读，独立思考，不断锤炼自己独立掌握新知识的本事。

需要指出，胡安仁不但自己成绩斐然，还经常主动帮助班里班外的同学。他积极参加各项社会活动，曾经担任系学生会学习部长。

就这样，胡安仁在哈工大认认真真学习了5年，一心一意向往着毕业后能够从事自己心爱的航天事业。

1966年2月，春寒料峭，胡安仁即将迎来毕业，最后一个学期，他和其他八名同学被预分到北京七机部第一设计院，进行真刀真枪的毕业设计。所谓"预分"，就意味着如果没有意外，这些学生将在毕业后，正式成为七机部一院的一员。

第一设计院是钱学森领导的战略导弹设计院,乃国家核心机密单位,胡安仁的实习单位是一院的第十设计室,毕业设计课题为中远程导弹"东风4号(DF-4)"的两级分离机构。在毕业设计的几个月里,胡安仁非常努力,在指导老师和设计室主任的帮助下,他最后将自己的设计图纸绘制完成,并送到车间完成制造和组装。

1966年5月,首都机械厂实验室进行的"东风4号"爆炸螺栓分离机构初步设计的地面试验圆满成功,这也就意味着,胡安仁的毕业设计基本合理,余下的任务就是写总结报告和毕业答辩了,胡安仁一阵窃喜,满心期盼着顺利毕业和工作。

但人生起伏,即将毕业之际,胡安仁迎来了人生的艰难时刻。

赴美

1966年夏天,中国突然进入了一个特殊时期,本应在夏天毕业的胡安仁被迫留校,本来板上钉钉的"到导弹设计院工作"的计划也随之湮灭。

1968年到1970年间,胡安仁被分到哈尔滨近郊阎家岗的黑龙江省军区农场接受再教育,1970年又被重新分配到鸡西钢铁厂担任技术员,在那个岗位上,胡安仁一干就是8年。

在那样的环境之下,胡安仁却并未就此消沉,心里暗暗期望有朝一日能够重拾心爱的航天事业,所以,在工作之余,胡安仁还坚持复习基础和专业课,做微积分和理论力学习题,阅读英文版《共产党宣言》,收听"英语900句"广播……为未来"重出江湖"做着十足的准备。

关于胡安仁在那段时期坚持业余学习还有这么一段轶事:在鸡西钢铁厂上班期间,胡安仁出于无聊,曾在工余时间试图背过一两本英语辞典,

1973年胡安仁在上海阅读 English 900

其中包括高名凯与刘正埮合编的《英语常用词汇》，内有单词和词组近万个。1979年，即将赴美留学的胡安仁在哈工大参加出国前英语培训。集训期间，一位同在集训班的学员物理教研室高老师随手考了他几十个使用频率最低的生词，胡安仁不慌不忙，信手拈来，将这些词语一一答对，这事儿让在场的老师和同学拍手称奇，传为一段佳话。

扎实的数学物理基础和过硬的英语底子，为他在日后出国学习工作的路途打下了坚实的基础。

1978年初，神州大地一声春雷，国家宣布恢复考研，消息传来，让当时还在鸡西钢铁厂上班的胡安仁激动万分，立即决定报考哈工大黄文虎教授的飞行总体研究室。

几个月后，在1978年春夏的考研初复试中，胡安仁最终以专业第一名的成绩脱颖而出，如愿上榜。紧接着，在飞行总体研究室黄文虎教授、吴瑶华教授和刘暾教授的共同推荐下，胡安仁同年秋天参加了教育部1976年后全国首次留学生外语统考，并且以哈工大第一名的成绩"金榜题名"。

这一段时间的经历，对于胡安仁来说犹如大梦一场，每次想起来禁不住心潮澎湃、思绪万千，他怎么也想不到在离开工程力学专业十几年之久后还能重拾自己钟爱的航天专业。多年后，胡安仁感慨道：党和国家改革开放的政策和母校的栽培成就了后来的他！

1978年12月26日，改革开放后中国派往美国的首批52个留学生离京赴美，五天后，即1979年1月1日，中美两国建交。

当时胡安仁也正在哈工大飞行总体研究室埋头读研并准备出国。

首批留学生出国和中美建交两个消息的传来，让他心头顿起波澜，振奋中夹杂着几分焦急。振奋是因为长达四分之一世纪的剑拔弩张过后，中美两国关系终于冰消雪融，首批出国留学生的先遣部队终于踏上征途，为国内学子们开辟赴美留学的新道路；焦急是因为虽然数月前他已被录取为出国研究生，但音讯渺渺，进展迟迟，偶闻人议，夜长梦多，难免忐忑不安。

几周后寒假来临，胡安仁怀着略为矛盾的心情离开哈尔滨回到鸡西和家人团聚。没多久，校研究生科通知胡安仁春节后参加哈工大改革开放后第一次留学生英语集训，他曾有的一丝疑虑顿时烟消云散，巴不得立刻投入口语训练，尽快摆脱只会"聋哑"英语的尴尬局面，争取早日出国深造。

为了做好这次培训，哈工大为这一大约20人的集体安排了优质的师资团队，并在教学资源和条件上尽量予以最大程度的帮助。国门初开，多种后来司空见惯的先进的科技产品尚未引入，集训班的教学设备原始陈旧，在所难免。那时 Walkman（随身听）尚未问世，更不用提什么光盘和 MP3，而盒式简易录音机更属罕见，在这种艰难的条件下，哈工大为学生提供了两台开盘式磁带录音机，一台供课堂教学使用，另一台让众人晚间继续练听力，为集训班的英语口语学习尽可能创造方便条件。这次集训也给胡安仁的英语水平带来了极大的提升。

1979 年 7 月，哈工大首期出国留学生英语训练班举行结业考试，胡安仁在此次期末考试中又名列第一。不日之后，哈工大首届英语培训班正式结业。集训班的同学们分别被美国加州大学北岭分校、普渡大学、密歇根大学等美国知名大学录取。12 月，胡安仁收到了普渡大学航空航天系的入学通知，并于次年夏天赴美在普渡大学航空航天系攻读学位，成为 20 世纪 80 年代普渡大学首位来自中国的研究生。

普渡求学

普渡大学为全球顶尖的工程院校，美国著名的"公立常春藤"盟校之一，堪称宇航员之摇篮。迄今共有 24 名宇航员——包括第一个登月的阿姆斯特朗 (Neil Armstrong) 均毕业于普渡，中国的"两弹一星"元勋之一邓稼先博士亦为普渡校友，普渡的航天系也为人类航天事业输送了无数优秀人才。

普渡航天系的师资阵容强大整齐，多位教授均为世界一流学者：如复合材料的国际泰斗孙景德、美国科学院院士 Bogdanoff，以及后来被选为美国工程院院士的杨祖佑和 Skelton。

胡安仁在普渡大学的学习生活犹如此前他在国内一样，一如既往地踏实稳健。开学前，胡安仁一举顺利通过托福考试，并在三个学期后，克服了语言沟通、编程技巧等重重挑战，在与众多比他年轻十余岁的美国

1980年胡安仁在普渡大学

同学以及来自各大洲的高才生的竞争中,以全"A"的成绩拿下了硕士学位。

当时这在普渡是一件了不起的事情。

胡安仁以全"A"拿下硕士的消息传出后,和他熟悉的台湾同学,还有那些工学院一些曾经对他心存疑虑的华裔教授都为他竖起了大拇指,同时也对哈工大,甚至对整个国内"985"院校刮目相看。系里多位教授,包括系主任杨祖佑、孙景德和Skelton等教授纷纷找胡安仁谈话,希望收他为博士生,在日后系里招收中国研究生时,也常常事先征求胡安仁的意见。

后来,胡安仁继续在普渡深造,攻读博士学位。

读博期间，在 Skelton 教授的指导下，胡安仁从事大型"柔性"飞行器的动力学与姿态控制方面的研究工作，"柔性"就意味着必须考虑大型飞行器的变形，这就使得飞行器的运动方程更切合实际，同时也倍加复杂。这一重要领域的进展对顺利完成人类面临的新一代航天任务至关重要。

多年后，胡安仁回忆读博岁月说：在哈工大养成的良好学习习惯和打下的扎实的数学、物理基础给了他莫大的帮助，"规格严格，功夫到家"的校训早已融入到了他的骨子里。读博几年中胡安仁增修了"概率论和随机过程""系统工程"和"最优控制"等十几门课程，轻松通过了博士资格考试。通过理论研究和有限元分析，他的课题研究及时获得关键性突破，并于 1987 年获得了博士学位，学位论文题目为 "*Modal Cost Analysis of Flexible Structures:Modeling of Flexible Structures For Control Design*"（《柔性结构模态成本分析：柔性结构控制设计的建模》）。

与此同时，胡安仁读博期间多篇学术论文在国际会议上受到好评，有的还发表在知名学术刊物和书籍之中，例如：

1. *Journal of Computers and Structures*，1985；

2. *Journal of Sound and Vibration*，1987；

3. Chapter 3 of the book "*Large Space Structure; Dynamics and Control*"，此书由 Springer-Verlag 1988 年出版；

4. *Journal of Vibration，Acoustics，Stress，and Reliability in Design，ASME Transaction*，1989。

胡安仁的有关大型"柔性"飞行器动力学与控制方面的学术成果引起了宇航局马歇尔 (Marshall) 飞行中心有关人员的重视，在他们的大力推荐下，胡安仁在 1987 年进入位于佛罗里达的清水市 (Clearwater) 的高科技咨询公司 Dynacs Engineering，从此开始了他在美近三十年航天科研的职业生涯。

进入 NASA

Dynacs Engineering 公司规模虽然不大，但深受 NASA 有关部门信任，其业务与 NASA 航天工程中许多飞行器动力学和自动控制的核心软件的开发应用休戚相关，为 NASA 诸多项目面临的关键技术问题及时提出有效技术方案。

胡安仁入职后接受的第一项大任务就是多体柔性系统动力学综合性计算机程序 TREETOPS (Tree Topology) 的进一步开发。作为成熟的综合性大型程序，TREETOPS 在 NASA 许多重大项目研发中已成为必不可少的计算工具，胡安仁的工作就是根据新项目需要，及时增添新功能，使之更加完善可靠。

很快，胡安仁就成为团队的中坚力量。在 TREETOPS 后续开发项目的每一环节，胡安仁始终勇挑重任：无论是艰深的数学模型的建立推导，还是最佳计算方法的设计构筑，抑或是源程序的编写和测试他都担任主要负责人，在工作上受到公司领导和 NASA 方面的肯定，在美职业生涯初期就打出了自己的名气。

随后 8 年中，胡安仁参与了一系列重大航天项目的软件研发，受到公司领导的器重和 NASA 多个中心的有关部门的高度评价。在 Dynacs 工作期间，胡安仁又在国际学术会议和学术期刊发表了十多篇论文，进一步引起美国航天学术界的兴趣，也为他多年后顺利进入 NASA 工作创造了有利条件。

1996 年，胡安仁作为资深软件工程师受聘于 Orbital Sciences 公司，并在华盛顿附近的宇航局戈达德飞行中心(NASA Goddard Space Flight Center)述职。进入NASA，把他从事多年的航天科技事业推到一个全新的高度。

在NASA他得以和世界上一批最聪明、最勤奋的科学家和工程师并肩作战。一起探索茫茫宇宙的无穷奥秘，共同见证人类航天事业的最新进展，让胡安仁深感自豪和兴奋。

从1996年到2015年，胡安仁在NASA投身于一系列难度和哈勃望远镜相仿的重大项目的飞行软件研发工作，包括如下卫星："地球观测系统"(EOS，由Terra、Aqua和Aura三大卫星组成)、"月球勘测轨道

2008年胡安仁在宇航局戈达德飞行中心三号楼陈列室

飞行器"(LRO)，"全球降雨观测(GPM)卫星计划"和"磁层多尺度探测(MMS)系统"以及哈勃望远镜维护更新(HRSDM)等等。

2019年2月一篇标题为《感谢中国：谢谢你们，拯救了世界！》的文章在国内外媒体广为流传，其中写道："NASA发布了一条振奋国人的消息，……地球比20年前更绿了，而中国和印度两国功不可没，其中中

胡安仁在NASA曾参与的部分大型航天项目

国新增绿化面积达到四分之一个亚马孙雨林。"这个结论就是基于NASA的"地球观测系统"卫星"Terra"和"Aqua"多年的观测数据，而胡安仁正是这两颗卫星的计算机软件团队的骨干成员。

无独有偶，2019年2月7日和9日，NASA向全世界分别公布了1月30日和31日宇航局利用"月球勘测轨道飞行器"（LRO）两次拍摄到中国"嫦娥四号"着陆点的照片；更有意思的是2019年11月14日，LRO卫星正式宣布了在月球背面找到了"嫦娥四号"任务搭载的微卫星"龙江二号"的撞月点，而"龙江二号"卫星的主要研制单位恰恰正是胡安仁的母校哈工大。如前所述，在LRO卫星计算机飞行软件的研制、开发和测试的近四年里，胡安仁始终发挥着关键作用，直至2009年"月球勘测轨道飞行器"成功升天。

综上所述，胡安仁眼看自己在NASA多年参与的几大项目不但能够造福于人类，也能为扩大祖国的国际影响提供必要工具和科学依据，为祖国举世瞩目的登月

2014年底，背景为即将升空的MMS卫星，左起第三名为胡安仁

NASA 戈达德中心为胡安仁颁发的奖状,以表彰胡安仁在 Terra 卫星的成功研制和发射中的杰出贡献

壮举喝彩助威,所有这些怎不令他欣慰无比?

总而言之,胡安仁在 NASA 服务近二十年,他始终兢兢业业、一丝不苟,注意虚心向身边的优秀科学家和工程师学习。作为团队一名骨干成员,从卫星研发、发射到运行,在项目工程设计各个关键评审阶段,他总是善于及时发现问题,提出合理解决方案,还主动热情帮助团队其他成员,确保任务按时或提前完成,受到普遍好评,因而多次获得 NASA 有关部门的表扬。

退休

2015 年，MMS 卫星升空后，胡安仁计划退休，后延至年底。

那一年圣诞节前的某天，二十多位朋友邀胡安仁共进午餐，祝他终于光荣退休。前来欢送的都是历年在戈达德中心一起研发从"地球观测系统"直到"磁层多尺度探测系统"等大型卫星时曾经风雨同舟的伙伴。

欢送会结束前，一位 MIT 毕业的同事 James 向胡安仁提了一个问题："听说你学士学位是在中国名校 HIT(Harbin Institute of Technology) 所得，请问你母校哈工大的校训 (Motto) 是什么呢？"

"Strict Standard and Sufficient Effort，规格严格，功夫到家。"

在所有胡安仁的回忆文章中，这句校训出现的频率异常之高，可以看出，这八个字对胡安仁影响颇深。

当胡安仁用这句校训回答了 James 的问题后，受到了众人的称赞，使得再过两个月就满 72 岁的胡安仁有点不好意思。时光荏苒，弹指一挥间，半个多世纪过去，回顾自己多年的工作经历，胡安仁不禁又想起了 1962 年自己 17 岁的那个秋天，想起那个由警卫战士日夜守卫的教学楼，还有那段在松花江畔度过的永远难忘的求学时光。

哈工大人在海外

俞增平
HAGONGDA REN ZAI HAIWAI

HARBIN INSTITUTE OF TECHNOLOGY

  1976年就读于哈尔滨工业大学工业电气自动化专业，1980年毕业，去美国留学。1981年在美国纽约州立大学石溪分校攻读电气工程硕士学位，1983年毕业，开始在硅谷工作。从事医疗器械行业35年，联合创办了3个公司，发展了5个世界领先的医疗器械。历任Diasonics Ultrasound技术开发总监，U-Systems工程副总裁，O2 Medtech首席运行官，Endosee工程副总裁和新的创业公司董事长、首席技术官。他的技术领域包括超声波系统、近红外线激光传感器和信号处理、CMOS图像传感器和图像处理、医疗器械电子数字信号处理、计算机系统和软件。精通初建公司管理、美国FDA产品研发、质量管理和产品注册流程。

哈工大的渊源
铺就医疗器械创新路

俞增平生长在一个工程师世家。他的父亲俞炳元在1945年被公派到美国学习水力发电技术，1948年回国在上海筹办建立水电站。1950年，俞炳元放弃上海优越的环境，来到东北参加组建中国水力发电机械工业基地，担任哈尔滨电机厂副总工程师。1956年，俞炳元同苏联专家一起，在哈尔滨工业大学创建了中国第一个水力机械专业，并担任水利机械专业教研室主任，培养了新中国的第一代水电工程技术人员，为发展中国水力发电事业，包括长江三峡水力发电站的建设，做出了重要贡献。俞炳元是中国现代水电工业的奠基人之一。

1951年，俞炳元的妻子怀着身孕从上海随夫来到沈阳，他们的孩子俞增平不久后出生，几年后又举家来到哈尔滨。这个孩子在幼小的时候，已经与哈工大结下了不解之缘。当时，他的父亲有一枚深红色的哈尔滨工业大学的校徽，俞增平也盼望哪一天自己也会得到一枚白色的哈工大校徽。可惜那枚深红色的校徽后来丢失了。俞增平少年时期学习成绩优异，考入了哈尔滨第三中学，当时，哈三中被民间称为"哈工大的附属中学"。能够在优秀学校读书，固然是一件令人兴奋的事情，但令人遗憾的是，俞增平刚刚读了两年初中的课程，中国就进入了一个特殊的时期。跟大部分那个时代的学生一样，俞增平加入了上山下乡大军。下乡期间，他的父亲俞炳元不幸去世，他连父亲的最后一面都没能见到。

1968年，俞增平在珍宝岛附近的饶河西丰沟下乡插队，三年后返城，他在哈尔滨电机厂做了一名工人。在做工人的五年中，他清楚地认识到，当时中国的知识分子大量缺失。也是在这期间他暗自发誓，要努力学习，接父亲的班，以后做哈尔滨电机厂的总工程师。虽然这个理想最后没有实现，但是，正是在这个理想的引导下，他开始了自己奋斗的旅程。做工人期间，他自修了所有的高中课程，同时自学了大学一年级的课程。后来，他作为哈尔滨电机厂落实知识分子政策的代表，被推荐进入哈尔滨工业大学。当大学录取公报在哈尔滨电机厂大门口张贴的时候，他父母的朋友、父亲在哈工大的学生都来向他祝贺，因为十年来，还没有一名电机厂知识分子的子弟去大学读书。

能够到哈工大求学，对于俞增平来说，是一个迟来的、珍贵的机会，所以他对求知的渴望更为强烈。俞增平刚刚进入哈工大时，学校还处于恢复状态，中国与世界先进技术知识隔离了10多年，百废待兴。当时的哈工大甚至都没有统一的教科书，教授们的讲义多为自己编写。比如当时哈工大所用的电工基础教材为电工基础教研室许承斌教授编写，自动控制理论教材为王炎教授编辑。

虽然有教授们倾尽所学而编辑的教材做支撑，但是这些没有办法满足俞增平对知识的全部渴望，于是他和同学王卓军一起，在哈工大的图书馆里找到了当年苏联出版的工科《高等数学》和俞大光院士编写的经典教科书《电工基础》。他读完了每一个章节，做完了两本书中所有的题目。

1979 年，电机工程系工业自动化专业夏德钤教授在电机楼大阶梯教室里开了一门现代控制工程理论的专题课，大阶梯教室爆满，其中几乎一半是在职的老师，大家再次听到了新知识的声音。这堂课让俞增平印象深刻。课后，俞增平利用课余时间，在两个月内读完了《现代控制工程》，为他后来的工作打下了坚实的基础。

虽然哈工大在那段特殊的历史时期遭受的损失和破坏非常严重，但是优良的治学传统和严谨的科学制度使得学校很快在重创中恢复过来。俞增平在这个拨乱反正的年代里，完成了在哈尔滨工业大学的学业，更重要的是，他学会了如何从书本中寻找答案和解决千变万化工程问题的方法。

中华大地一声春雷，改革开放来了。1980 年，俞增平在哈尔滨工业大学毕业后，获得了去美国自费留学的签证。这一年的 8 月，烈日炎炎，他拖着一个装了几件简单的衣服和十几本书的行李箱，走上了深圳和香港交界的罗湖桥。在罗湖桥香港一侧，他回过头，再看了一眼罗湖桥深圳口岸，心里百感交集。三十多年前，他的父亲也是通过这座桥，多次往返香港和内地，最后不顾众多朋友的劝阻，坚定地从美国回到中国。三十多年后，俞增平也要开始重新走上父辈的道路——去美国求学。

在硅谷学习

1983 年，俞增平在纽约州立大学石溪分校获得了电气工程硕士学位，到了硅谷的一家工业自动控制公司工作。

在 20 世纪 80 年代初，电动机控制都是由模拟电路来实现的，但是俞增平所到岗位的项目需要用计算机来控制，这对于俞增平来说非常有挑战性。当时最先进的微处理机是摩托罗拉的 M68000，其速度可以满足电动机控制系统的要求。为了做好项目，俞增平用两个星期的时间学会了 M68000 的汇编语言，并且通过一个资深华裔工程师的指点后，在只有 256 KB 内存的微处理机上，完成了计算机实时控制软件系统。这个系统后来成功地安装在美国钢铁公司石油钢管的生产线上。这个项目给了刚刚毕业的俞增平极大的信心，也为他后来的工作积累了很多的经验。

1985 年，俞增平入职著名超声波医疗仪器公司 Diasonics Ultrasound，当时 Diasonics 刚刚在纳斯达克上市，开始投资发展新一代的高档彩色多普勒超声波医疗仪器。正是因为俞增平有 M68000 微处理机汇编语言的经验，还有图像处理和信号处理的理论基础，他参加了由 10 多名高级工程师组成的秘密团队，在一个很隐蔽的二层楼上开始了新项目的研究工作。俞增平当时的任务是研发计算机驱动器和超声波图像软件，他为这个高档超声系统写了第一行计算机原始代码。出色的工作能力使得俞增平快速成为团队的核心人物，一年后，他被提升为图像处理组长，管理三名软件工程师，并于三年后完成了项目的主要功能的实现。1989 年，这个高档的超声波系统研制成功，开始销售。

1991 年，Diasonics 公司在飞利浦超声公司挖到了一个高层技术管理人员——Omar Ishrak，任公司工程副总裁。Omar Ishrak 多年后成为世界上最大的医疗器械公司 Medtronic（美敦力）公司董事长和首席执行官，是世界医疗器械行业最有权威的领导人之一。

Omar Ishrak 的到来，也让俞增平在 Diasonics 的职业生涯有了质的转变和提升。Omar Ishrak 到任后，认为俞增平工作出色，将其提升为新产品开发总监。在这个位置上，俞增平管理 40 多人的团队，负责产品的开发和生产，经过俞增平和团队两年的努力，新产品在高端市场中占据了重要的位置。

1994 年，俞增平领导的团队和美国密歇根大学 Jonathan Rubin 教授一起发明了彩色能量多普勒功能，称为超声波血管造影，这个功能在当时引起了不小的轰动。当时 Diasonics 公司在旧金山一个豪华酒店里举行关于这项发明的产品发布会时，Omar Ishrak 介绍俞增平领导的团队和密歇根大学教授 Jonathan Rubin 对这个发明的贡献后，世界上著名的超声医学专家 Barry Goldberg 第一个在台下站了起来，接着全场观众起立，爆发出雷鸣般的掌声。

俞增平在 Diasonics 工作了 10 年，成绩斐然，俞增平团队研发的彩

俞增平和 Omar Ishrak

Diasonics Ultrasound 高层领导团队

色多普勒超声波系统成为当时世界上三个主要超声系统之一。从最底层的工程师开始，做到了研发总监，让俞增平对技术和产品有了全方位的了解，为他后来的创业奠定了坚实的基础。

三次创业

U-Systems

1997 年，在一次硅谷华人企业家的宴会上，旧金山湾区硅谷医疗器械著名华人企业家王士平和新加坡经济发展委员会负责人何晶的助手坐在同一个桌子前。当时新加坡政府 EDB 刚刚收购了一个美国超声医疗仪器公司，需要专业技术管理人员来帮助这个公司，何晶负责的 EDB 投资过王士平以前的公司，对王士平的能力有所了解，所以请他来帮忙。后来，王士平找到了俞增平，讨论如何利用这个机会，创建一个新的医疗器械公司。

经过筹划，王士平、俞增平和林圣梓成立了 U-Systems 公司，并通过 U-System 的股票买下了 EDB 收购的超声公司所有的专利和技术，估值 300 万美金，开始寻找 A 轮融资。

在 A 轮融资的过程中，风险投资公司访问到了俞增平的前上司、时任 GE Medical System 超声部门总裁的 Omar Ishrak，Omar Ishrak 同风险投资专家讲，俞增平和林圣梓属于世界上前 10 名的优秀的超声医疗器械设计工程师。得到了 Omar Ishrak 如此高的评价后，U-Systems 顺利完成 A 轮融资，并网罗了一大批人才。很快，U-Systems 就研发了一个中档的超声系统，准备进入乳腺癌诊断的市场。

正当俞增平的团队准备大干一场时，市场突然发生了变化。因为用超声波来检测乳腺癌是一个很大的挑战，乳房的纤维软组织对于超声波的灰阶对比度有很严格的要求。为了准确地诊断乳腺的疾病，超声波医生们开始使用世界上最高档的超声波仪器。几年之内，用中档超声波仪器来诊断乳腺疾病的市场消失了。这个变化，对一个初创公司是一个致命的打击，U-Systems 必须要寻找一条新的出路。

王士平通过对技术和市场的敏锐直觉，提出放弃通用的超声波检验系统，来开发一个用超声波技术制作的全乳房自动扫描仪。因为 X 光乳腺诊断在进行癌症检测时对乳腺密度高的高纤维乳腺不是很有效，用超声波做乳腺断层扫描来寻找肿瘤相对来说更有效。当时王士平跟俞增平说："我们还有 400 万美金，你一定要尽快将产品雏形做出来。"

时间紧任务重，俞增平为新产品投入了巨大的努力。为了提高超声波图像的质量，俞增平做了一个非常大胆的决定，放弃自己的超声波机系统，和西门子合作,用他们的超声波系统引擎,保证医生看到高精度的图像显示。另外,U-Systems 的雏形产品为了用 X 光图像作为参考图像,需要用两块板子把患者乳房夹起来进行扫描,但是这种方法使得医生没有办法去读超声图像。俞增平认识到问题的严重性后,提出了一种新的扫描方法,患者平躺在诊断室的床上,超声波的探头在乳房前方进行扫描,这样扫描出来的图像,同医生用手持超声探头扫描出的图像是一致的,解决了如何解读乳腺图像的问题。

最后,这个乳腺扫描方法被注册了专利,王士平和俞增平是这项专利的主要发明人。这个专利也成为全乳房自动超声扫描仪最基本的知识产权。

产品做出来后,U-Systems 和美国放射超声医生组织了前瞻性随

U-Systems 团队
(发起人 前排左起:俞增平、林圣梓、王士平)

机临床试验。1.5 万名无症状成年女性参加了临床试验，同时用 X 光和超声器械进行乳腺扫描。X 光和超声器械一共检查出 112 例癌症。其中 30 例癌症是由超声波单独检查出的，X 光器械漏掉了 27% 的癌症。更重要的是超声器械检测的 30 例癌症，2 例是致命的侵袭性肿瘤。U-Systems 的全乳房自动超声扫描仪帮助挽救了这些女性的生命，因为这个历史性的临床试验，美国医疗食品局给 U-Systems 颁发了最高的 PMA 产品证书。

最终，U-Systems 被 GE Medical Systems 收购。

O2 Medtech

2007 年，俞增平收到了一个商业计划：研发一个利用激光近红外线频谱原理，准确地测量大脑软组织中的血氧饱和度的医疗器械。

简单来说，患者在做大型外科手术时，如果大脑细胞在十几秒钟内缺乏氧气，这些细胞就会死去。如果这种状态不能得以控制，最终病人就会变成植物人，世界上还没有医疗器械可以准确测量到大脑的血氧饱和度。为了解决这个问题，宾夕法尼亚大学著名的 Britton Chance 教授发明了一种用相位调制近红外线频谱分析法，他的实验室采用了世界上最敏感的光电转换器制作了血氧饱和度监视雏形机，美国政府用大量的资金来扶植这个世界尖端技术。

俞增平和王士平认真研究了这项技术的市场需求和技术含量：如果应用 Britton Chance 教授的理论，可以精确地算出一个大脑血氧饱和度的数字，那将是一个历史性的创新。于是二人决定自己投资创办 O2 Medtech，并购买了 Britton Chance 教授三十多个专利和技术，俞增平作

O2 Medtech 创始人和斯坦福医学院教授
（中间为神经外科医生 Dr. Lopes，右一为神经外科麻醉医生 Dr. Jaffe）

为公司首席运营官（COO），负责公司产品研制和运转。

完成 A 轮融资后，公司招聘了硅谷高级光学、电子、机械和软件工程师，在一年的时间里，将 Britton Chance 实验室的雏形机发展成可以在病人身上进行大脑缺氧实时监护的仪器。这台仪器在动物身上做实验，得到了预期的效果。但是，如何证明测量的大脑血氧饱和度是正确的数字，这是一个非常具有挑战性的问题。因为没有任何一种方法可以直接取出大脑细胞来测量血氧饱和程度。

根据医学文献，大脑细胞的血氧饱和度可以根据动脉和静脉血氧饱和的比例来推算，公司在著名的 Duke 医学院进行了人体的实验，通过 30

个人的数据证实，这台监护仪很准确地显示了大脑缺氧的状态，但是计算的血氧饱和数字变化量大于5%，这个统计数据在医疗仪器准确度方面是不可以接受的。

公司的科学家和工程师进一步研究了测量大脑血氧饱和度的物理和生理的数学模型，结论是：大脑内部的生理结构是非常复杂的，激光光束在大脑中传播的速度和方向，不能够利用一个线性的数学模型来完成。公司最后决定，基于现在的理论和光电元器件还不能够计算出一个准确的大脑血氧饱和数字。这个产品的雏形也就被存放在了实验室的架子上。虽然有些令人遗憾，但俞增平觉得，这次创业依然有意义：将来某一天，当科学家发现了新的大脑血氧饱和度测量理论并发明先进的光电元器件，这个产品还是有机会实现的。

Endosee

2012年，CMOS成为典型的半导体成像传感器。大量的民用产品的应用扩张促使它的价格大幅度下降，这也为研制医疗妇科内窥镜提供了机会。华人科学家欧阳小龙帮助OV公司研发了一个尺寸很小的CMOS图像传感器，提出用这个图像传感器做一个宫腔镜。这个提议马上得到一位美国妇科医生的支持，因为价格便宜，可以做到一次性使用，省略了医疗器械消毒的过程，这个无创伤的诊断器械可以用在医生诊所，从而减少医疗费用。

当他们向王士平推荐这个项目时，凭借着敏锐的商业头脑和医疗器械的经验，王士平认为这是一个划时代的产品。经过重新组建和私人投资，Endosee公司正式成立了。为了把这个产品尽快推向市场，王士平找来了

Endosee 和 U-Systems 庆祝会
（后排中为王士平，前排左一为俞增平，前排右一为妇科医生 Paul Indman）

Endosee 联合创始人（右一为欧阳小龙）

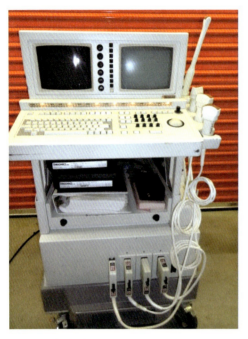
高档彩色多普勒超声波系统

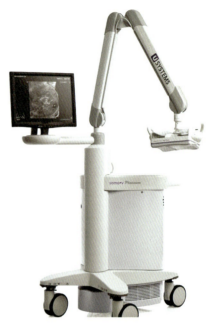
乳腺癌超声扫描系统

一次性宫腔镜

俞增平参与研制的部分医疗器械

俞增平，让他担任工程副总裁。

在一个 30 平方米的简陋的房间里，俞增平作为公司在美国唯一的全职工程师，凭借多年的医疗器械研发管理经验和熟悉美国 FDA 申请产品许可证的过程，他设计了一套美国 FDA 可以接受的设计控制管理程序，聘请和他一起工作过的同事作为顾问，完成了所有医疗器械的法规测试，产品在人体实验上取得了非常好的效果。当这个产品在美国妇科学会展出时，引起了轰动，没有一个医生对这个产品提出任何的异议。世界上许多著名的妇科医生评论这个新的发明时，一致认为这个产品改变了妇科医疗诊断的游戏规则。在两年的时间内，俞增平帮助公司获得了两个美国 FDA 的产品许可证，通过了美国联邦政府 FDA 和加州 FDA 的严格检查。这个新产品引起了世界上几家著名的医疗器械公司的注意。

最后公司在没有销售和产生利润之前，被美国 Cooper Surgical 公司收购，公司的发展历时两年时间，用少量的投资为投资人赢得了非常丰厚的收益，同时为妇科诊断和手术提供了新的工具。

新的挑战

出生在父辈创业的路上，在工程师家庭长大，经历了知青上山下乡的艰辛，在哈工大的工程师摇篮里走出，来到美国求学。身无分文来到加州硅谷打拼，成为硅谷创业大军的成员。三十五年的时间里，俞增平参与了数个世界尖端医疗器械产品的研发工作。无论是求学时代，还是创业历程，有成功，有失败，有痛苦，有欢乐，多年过后，回首往事，俞增平感慨万千，用下面几句话总结了他艰苦奋斗的历程：

当你在迷茫之间挣扎时，信仰正在产生；

当你在黑暗朦胧探索时，曙光呈现前方；

当你在奋斗途中彷徨时，结论逐步形成；

当你在成功举杯欢庆时，挑战又在酝酿。

一个人一辈子要有志气、勇气和一点运气，光明大道就在你面前。

如今，俞增平已经到了退休的年龄，但是他并没有停止工作，当新的挑战又出现在他的面前时，他还是毫不犹豫抓住了机会，得到了著名风险投资基金的支持，他的团队开始研制世界尖端的妇科早期癌症检测仪，继续为人类健康造福。

哈工大人在海外

张裕明
HAGONGDA REN ZAI HAIWAI

HARBIN INSTITUTE OF TECHNOLOGY

曾就读于哈尔滨工业大学 7741 班、411 专业 81 研、95 专业 86 博，在 95 教研室历任助教、讲师、副教授。现任美国肯塔基大学电气与计算机工程系教授、工学院国际合作事务主任。美国焊接学会 (ASW)、美国机械工程学会 (ASME)、制造工程学会 (SME) 成就会员（Fellow）。

哈工大求学生涯

1976年7月，高中毕业的张裕明到农村插队，当时的情况是，插队的学生需要两年之后才有可能回城或者被推荐上大学或中专，加之他插队的地方离家只有65里地，经常回家，而且公社每个月都有知青活动，老乡们也很热情，所以当时的张裕明还没有回城的忧虑。后来张裕明又当了民办教师，有时间看看书，那段日子对张裕明来说，过得还是很开心的。

张裕明到农村插队后不久，当时政策正在转变过程中，张裕明心里非常期盼能通过考试上大学。人们刚开始听到的消息是除了应届毕业生以外，往届生也要下乡或工作两年以后才能参加高考。但当高考的正式消息通过广播播出的时候，并没有提到"两年"这个要求，张裕明听到时非常高兴，马上就请假回城准备考试。

考试是在1977年冬天举行的，具体时间张裕明已经不记得了。

这是恢复高考后的第一次考试，各省自行出题，考试前先报志愿。各院校在四川的招生名额贴在地区文教局的大门外，字儿比较小，张裕明当时去看时灯光很暗，看得不是很清楚，但他清楚地记得清华在四川的招生名额是46个。张裕明报志愿是他的高中班主任徐兴华老师提的建议，徐老师毕业于北京师范大学化学系，是张裕明高中所在的南充一中的化学教研室主任，他建议张裕明第一志愿报考清华大学反应堆工程专业，并且帮助张裕明一共报了六个志愿，以自动化为主，在是否服从分配一栏，张裕明当时填了"服从"。

当时，高考录取通知书是分三批发放，第一批是重点大学，第二批是中师"戴帽"的高师班，第三批是普通院校。高考过后，张裕明自觉发挥不好，重点大学像是没希望了，当时心里只求能第三批录取，上一个普通的工科院校。张裕明春节期间回家过年，大年初一早上吃完汤圆后去知青好友浦丰年家拜年，得知浦丰年刚收到了吉林大学物理系的录取通知书，正准备去给自己报喜。张裕明在为好友高兴的同时，也燃起了希望，马上回家看自己的通知书是不是也来了。果不其然，通过高考成绩自动分配，他收到了哈工大自动控制与陀螺稳定装置专业的录取通知书。

虽然没有被第一志愿的清华录取，但哈工大的结果也让张裕明十分满意，1977年考上大学绝对是一个大喜事，相对学生的兴奋，父母们更高兴。谁家孩子考上大学、考到哪个大学在邻里间迅速地传开了。南充是个小城市，家长们很快就串联好了，哈尔滨千里迢迢，考到那的学生家长就安排学生们一起到学校报到。由此，张裕明和电化学专业的贾晓玲、焊接专业的尹一丁、还有他的知青好友浦丰年以及另外一名船舶学院的同学一起启程奔赴哈尔滨。

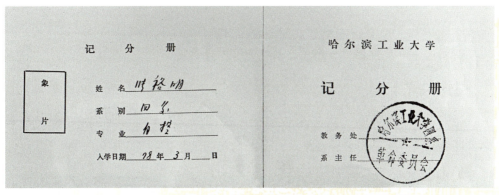

哈尔滨工业大学记分册

哈工大求学

四川人常说，"四川，四川，四面是山，飞机飞不进，大炮打不穿。"当时盆地与外省的联系比较少，出川的铁路只有宝成线，襄渝线、成昆线等都还没有通车，到上大学以前张裕明从来没出过四川。南充很少有下雪的时候，积雪一厘米很罕见，所以张裕明一行人都准备了大头鞋和厚棉大衣。

几人在成都会齐，傍晚从成都出发，翻过秦岭后第二天早上醒来到了陕西。张裕明至今还记得陕西刺眼的阳光。后来，到了北京，一行人在那玩了几天，住在前门附近，张裕明也是第一次吃上了北方的大米，"太好吃了！"

在北京的几天时间，张裕明一行人把动物园、颐和园、故宫、军事博物馆等都玩遍了，然后才启程去往哈尔滨报到。虽然是一路玩，但到哈工大报到时仍然较早，大多数新生还没到。学校在哈尔滨火车站安排了接站，在站外等接站车时，张裕明惊奇地发现冰天雪地里居然还有卖冰棍儿的，让他感到十分新鲜。

到达哈工大校园，到宿舍放下行李后，张裕明出门转了转，哈工大主楼后边儿空旷的地上有薄薄的冰碴儿，沿着大直街过了西大桥，到了通达街然后回转，在通达街和西大桥间的一个饺子铺吃了二两饺子，这些细节张裕明至今还记忆犹新，他对哈尔滨的印象很好，沿街有木栅栏，有木质尖房顶，这些在四川和北京都没看到过，让他感觉有些许的异国风情。

主楼中的记忆

哈工大 1977 级四一班的小教室在主楼四层，411（自动控制专业）教研室在主楼的六层，虽然大课都是在电机楼和机械楼上的，但专业课、专业基础课、硕士研究工作等大都是在主楼完成的。哈工大主楼伴随了张裕明那一届学生的青春，是他们魂牵梦萦了 40 余年的地方。

在没有空调的年代，哈尔滨可以说是最适合学习的地方。虽然四川冬天的气温基本都在零上，但还是非常阴冷，人手脚经常生冻疮，开春后会很痒。到哈尔滨以后张裕明基本告别了冻疮。没有空调的年代，四川夏天的酷热也真是让人无处躲藏，学习会受到很大的影响，而哈尔滨的夏天有时候虽然也会比较热，但学习和休息基本上不会受到影响。

在张裕明的记忆中，吃完晚饭回小教室自习一般走主楼大门，大门外高大的举架，不仅壮观，更加强了风速，在夏天的傍晚会让人感觉到无比的凉爽，好像飘在仙境一样。一楼的大厅更是雄伟壮观，让他感觉到了什么是"神圣的殿堂"。

沿着一楼宽大的楼梯走上去是学校的礼堂。记得哈工大77级本科新生一共980人，在那个年代，哈工大本科在校生应该不超过5 000人，能容纳2 000人左右的礼堂是举行全校活动的地方。张裕明的入学典礼和毕业典礼都是在礼堂举行的。除了文艺演出外，礼堂也是上映电影的地方，每周放映

张裕明博士学位论文封面

张裕明的华宇-Ⅰ型弧焊机器人奖状

一次，电影票需要抽签。张裕明还记得一次有个小同学没抽到电影票哭了，张裕明就把他抽到的电影票让给了小同学，原因是张裕明大一、大二的时候比较努力，他觉得花两个小时看电影很奢侈。

7741班有36名同学，12名来自四川，10名来自黑龙江，6名来自湖北，4名来自江西，3名来自贵州，1名来自北京，可谓来自五湖四海。有12名同学来自四川，而且湖北话、贵州话与四川话相近，四川话几乎成了7741班的官话，有些黑龙江同学还要和张裕明他们说四川话。

7741班的小教室在主楼四层通往机械楼一侧，这个属于他们自己的小教室让同学们之间的联系一直很紧密。新年除夕同学们会从食堂买好菜，到教室全班一起聚餐，为相对单调的学生生活增加了色彩。教室旁主楼四层通往机械楼的连接过道也经常是张裕明和同学们上晚自习中间休息的地方。那时候哈尔滨

哈尔滨工业大学7741班毕业留念

电台有每周一歌，四川同学王平有一台比较不错的收音机，他们从中学会了流行的歌曲，湖北同学毛路江有一副好嗓子，同学们经常能在教室里听到他的歌声，并且开玩笑时叫他"李谷二"。这些都是小教室带给张裕明的美好记忆。

1982年1月份，班主任张家余老师在小教室里宣布了同学们的分配去向，张裕明所在的专业在四川、湖北、贵州招的人比较多，所以分配到这几省基地的名额也比较多。由于8位同学考取了硕士研究生，其他28位同学有了更多选择，所以毕业分配还是比较满意的。张裕明回忆：爱好美食的四川同学李权、刘其知，和老三届带薪学习的老大哥孙觉虎、陈先建、陈万伦，都高高兴兴地回到了四川；贵州同学王瑞毅也高高兴兴到贵州基地了。唯一遗憾的是有两位来自成都希望回到成都的同学，只有一位同学如愿以偿。

起步

张裕明本科毕业设计的导师是吴广玉老师。吴老师是学机械出身，但刻苦钻研，成为系统辨识与自适应控制专家，与胡恒章、王广雄、王子才（中国工程院院士）为当时411（自动控制）教研室的四位硕士生导师。吴广玉老师的夫人陈世杰是八系的老师，也跟吴广玉老师一样是哈工大的科研业务骨干。那时没有博士生、博士后、助教协助指导，是导师直接对学生，可以得到名师的直接指导，张裕明收获良多，根据本科毕业设计工作完成了他的第一篇期刊论文。陈老师参与了对他毕业论文的指导，还带着他到船舶学院有防震的地下室做实验。吴老师和陈老师很热情，经常邀请张裕明和同学们到家里吃饭，至今张裕明还对陈老师高超的厨艺印象深刻。

张裕明的硕士生导师也是吴广玉老师。张裕明和中科大自动化系毕业的汪德辉是吴老师的首批研究生，张裕明比汪德辉大半岁，算得上是吴广玉老师的硕士大弟子。多年后张裕明笑称："吴老师以后带了很多博士生，我也不能自称吴广玉老师的大弟子了。"

张裕明的硕士课题是原订陀螺仪测试。为做准备,吴老师花了两千多元给学生买了Z80单片机,那个时候产品质量可能不过关,单片机在使用过程中被张裕明弄坏了,吴老师请了计算机专业的顾秋心老师来修也没修好。虽然吴老师没责怪张裕明,但这对张裕明来说是个不小的打击。

后来与合作单位合同没签下来,张裕明的题目就改成了时间序列分析与应用。本科阶段虽然学了概率,但概率属于比较难的课,张裕明直言那时候他也没真正学懂。做时间序列方面的研究强化了他对概率和随机的理解,帮助他掌握了系统辨识和自适应控制方面的基本概念,成为他今后研究工作的主要理论基础。张裕明一共发过三四次朋友圈,有一次是开会见到自适应控制奠基人Astrom后发的:"应用系统辨识与自适应控制到焊接过程是老张谋生的主要途径。"

与恩师吴林教授旅途巧遇

锻炼

张裕明硕士读完了还想读博士。当时博士生竞争很激烈，同时哈工大控制专业还没博士点。本科时在大教室认识了焊接专业（7795）日语班的柳林同学，张裕明和他很投缘。柳林是北京人，也上山下乡过，在长城脚下放过羊。柳林经常对7795班的同学说"我是杨克绍（哈工大非常有名的数学老师）的得意门生"，张裕明的南充老乡尹一丁也是他7795班的同学，张裕明经常到他们宿舍去玩，所以和他们班同学比较熟悉。柳林毕业以后分到上海去了，但他最好的朋友、7795日语班班长林炎平当时在读焊接王其隆老师的硕士。说起读博士，林炎平推荐了焊接吴林老师，说吴林老师是哈工大五虎上将，从航天部拿了做焊接机器人的项目，20多个博士生都做不完。张裕明一听这可不得了，赶快去找了吴林老师。

张裕明回忆，那时焊接教研室与机工厂在同一栋楼。楼只有二层，吴老师的焊接机器人实验室在二楼靠大直街一侧，由于空间不够，在办公室上面加上了个小二楼。张裕明去找吴老师的时候，吴老师正在小二楼上给大家开组会。对张裕明想到焊接读博士的想法，吴老师表示没问题，但要与田锡唐、陈定华两位老师商量。当时哈工大焊接有田锡唐、陈定华两位博士生导师，与清华的潘际銮老师和天津大学的孟老师为全国焊接专业博士生导师，是全国第一批博士生导师；哈工大王其隆老师为全国第二批博士生导师，也是全国第二批博士生导师中唯一在焊接专业任教的。

吴老师与田锡唐、陈定华两位老师商量后告诉张裕明先要工作一段时间，工作好的话读博士没问题。这样硕士毕业以后张裕明当了哈工大焊接教研室助教，参与华宇-I型弧焊机器人的研究。

张裕明在项目中的工作是开发与机器人配套的弧焊电源。电源由单板机控制，接收从机器人本体计算机发来的指令，启动焊接过程操作并控制焊接过程。由于没有同类开放产品，只能从变压器开始，自行设计研发整个控制系统。焊接过程为二氧化碳短路过渡，控制是通过计算机采样焊接电压，调整可控硅导通角把平均电压稳定在给定值，使在给定送丝速度时短路过程最稳定，焊接飞溅最小。这是张裕明第一次涉及硬件系统开发，也是第一次设计反馈控制系统，而且是用汇编语言编程，这让张裕明得到了很好的锻炼，也体会到了反馈算法必须设计恰当，有一次他拿错了 E-Pro，控制算法不对，整个焊机都震起来了。

华宇-I 型弧焊机器人是八系蔡鹤皋老师（中国工程院院士）和焊接专业吴林老师协作研发的。一线研发人员包括蔡老师、吴老师，以及蔡老师带的研究生肖骏、郑李亭和张裕明。吴老师和蔡老师经常与他们一起加班，直接工作在第一线。当时主要任务是参加 1985 年 6 月在军博的展览，现场演示机器人焊接。由于有国家领导人参观，要做到系统万无一失，估计吴老师和蔡老师的压力还是挺大的。肖骏和郑李亭问蔡老师和吴老师展出成功是否有奖励，两位老师说奖励吃北京烤鸭。后来展出很成功，现场演示没出状况，王兆国等领导人还参观了现场演示。蔡老师和吴老师兑现了承诺，张裕明和他的同学们享用了一顿美味的北京烤鸭。

华宇-I 型弧焊机器人后来通过了技术鉴定，还获得了航天部科技进步奖一等奖，张裕明也被列入获奖人员名单中。后来哈工大陆续研发了若干型号的机器人，张裕明也参与了研发，这些项目都获得不同的奖项。

成长

张裕明 1984 年入职做助教，1986 年评为讲师，1986 年 9 月开始正式读博，为在职博士研究生，导师为陈定华、吴林，张裕明入学后不久吴老师评为博士生导师，陈定华老师把张裕明的指导老师改为了吴林、陈定华，所以张裕明成了吴林老师的博士生大弟子。当时研究组里还有几个比张裕明年级高的博士研究生,李严、曲志刚、武传松几个人的导师都为陈定华、吴林。

张裕明的博士研究课题是用机器视觉检测焊接熔透。陈定华老师曾与焊工一起工作,问焊工如何判断熔透,焊工说看铁水流动和熔池下塌。李严买了一台50瓦的医用激光仪,张裕明自制了柱面镜,把激光条纹投到了熔池上,发现摄像机根本看不到投在熔池上的激光条纹。当时不清楚是怎么回事儿,以为是激光不够强(后来到美国以后张裕明才知道熔池实际上是镜面,对激光的反射不是漫反射,而是全反射),所以就把激光条纹往后移动,投射到刚凝固的熔池表面上,结果摄像机测到了激光条纹,通过处理得到了焊缝的形状,发现了焊缝形状与熔透的关系,对焊接熔透进行了实时控制。博士课题从1987年秋季开始,到1990年春季答辩,花了三年的时间。由于吴林老师的支持,张裕明减免了其他研究工作,除了教一门研究生课以外,全部时间都投在了博士课题研究中。课题工作最后获得了航空航天工业部科技进步奖二等奖,获奖人员为张裕明、吴林。吴林老师和张裕明1990年获得了国家自然科技科学基金项目,资助金额为3.5万元人民币。

张裕明还记得,做博士课题的时候焊接教研室已经在机工厂楼上接了个三楼,他的研究工作也是在新接的三楼上完成的。那个时候三楼经常停水,只能到二楼去提水。当时激光的效率不高,冷却水一会儿就热了,冷却水路塑料管经常爆开,冷却水溅得到处都是,收拾起来比较麻烦,所以他们的研究工作也是在比较艰苦的环境下完成的。但所做的工作的确为张裕明后来的研究方向提供了基础,测量焊接熔池的三维形状成了张裕明在肯塔基大学的一个主要研究方向。机器视觉也一样,张裕明在肯塔基大学开始时的工作就是开发检测焊接质量的机器视觉系统。吴林老师的硕士生阮爽对机器视觉系统很有研究,对张裕明的工作很有帮助,后来他是张裕明第一个推荐到肯塔

2016年12月,哈工大同学7741班闵罗礼(左)、411专业81研师弟汪德辉(中)、张裕明(右)于美国爱达荷州汪德辉家合影

基大学课题组的访问学者。

武传松、郑斌和张裕明是89级焊接三个本科班的班主任。现在焊接教研室的高洪明教授是武传松班的学生,张广军教授是张裕明这个班的学生。他们1990年夏天带这三个班的学生去大连实习,住在大连铁道学院。武传松当时已评上了副教授,是实习队的队长。张裕明和他住在同一个宿舍,武传松对张裕明评职方面给予了指点,让张裕明加紧把论文写出来,结果秋天就开始评职称,张裕明的论文和项目的奖励都出来了。第一次学校想破格评15名副教授,结果校学位委员会破格评了9名,张裕明成为其中之一。

多年过去,张裕明对哈工大生活的点点滴滴十分难忘,每一个生活、学习、成长的细节都历历在目,哈工大是他最美好的记忆,是他梦里常回的地方。张裕明在那度过了成长中最重要的时段,丰满了羽翼。多年以后,他希望母校哈工大继续前行,为新一代学生提供美好的记忆,让他们长出可以飞翔的翅膀!

哈工大人在海外　金海平
HAGONGDA REN ZAI HAIWAI

HARBIN INSTITUTE OF TECHNOLOGY

  美国 TeleNav（泰为）——纳斯达克上市公司的创始人、总裁和董事会主席；斯坦福大学航空航天系博士毕业；是硅谷多家初创公司的天使投资人，包括 Zoom 等上市公司；也曾是硅谷最大的华人非营利机构华源科技协会的会长和董事。TeleNav(泰为) 现在在全球各地有分公司，包括中国的上海和西安，以及韩国、日本、德国、罗马尼亚，产品支持全球 100 多个国家；是硅谷最著名的华人球队 Tiger(老虎队，多次获全美及全加州冠军) 的几十年的赞助商；在斯坦福大学人文学院设有研究生奖学金，每年资助多名研究生（中国人优先）；是斯坦福大学 Founder's Club 成员。

泰为创始人金海平

如果一个人同时具备超前的眼光、奔跑的耐力和思考的智慧会多么优秀，又会有怎样一番成就？出身于哈工大的金海平就是这样一个令人钦佩的人。

手机导航第一人

1980年初，金海平在哈尔滨工业大学的校园里反复翻阅一本名为《教训》的书，作者王安。他被书中描写的硅谷创业故事深深地吸引着，正在为国内创业环境不好而迷茫的他热血沸腾，由此在母校便立下了一定要去硅谷创业的志向。哈尔滨工业大学机械工程专业毕业后，金海平于1988年如愿飞赴美国学习深造，就读于斯坦福大学。

据金海平回忆，在斯坦福求学之初，自己的英文口语不够好，所以只要有机会在课堂上提问、回答问题他都不放过，以此来练习增强自己的口语能力。刚开始的时候，金海平也清楚知道自己可能词不达意，也许会由于"问题没听懂""紧张"等情绪，说出来的英文让别人听懂都很费劲，但是他还是勇敢地坚持了下去。慢慢地他发现自己说的英文别人听得懂了，还能跟老师进行交流了。

时隔多年，金海平还经常拿自己的这段经历鼓励新来的年轻人，为他们指出中美文化的区别，鼓励他们在英文交流表达能力上要有勇气挑战自己、不怕出丑被人笑话，这样才能真正锻炼和提高自己。

在美国留学了六年，1994 年，金海平取得了斯坦福大学航天暨电机博士学位，之后任职于 Loral 公司、麦肯锡顾问公司 (McKinsey & Company) 和麦金纳集团 (McKenna Group)。

依靠着专业的优势，金海平很早就察觉到了无线通信定位系统的发展潜力。

1999 年，金海平与其他三位同事和朋友共同创办了泰为 (TeleNav)，这是第一家向全球推出手机 GPS 导航服务的公司，是无线位置领域的领军企业，业务包括手机导航、车载导航和各种 LBS 服务。当年就已坐拥几十亿的用户，在 2007 年硅谷成长最快的前 50 大公司中，在网络、媒体与娱乐、通信产业类别排名中，超越 Google 名列第一。金海平也就成了名副其实的"手机导航第一人"。

十年磨一剑

金海平创立的泰为 (TeleNav) 于 2002 年 12 月在北美 Nextel 提供手机导航的商用服务；2007 年被美国 IDC 评为年度最有潜力的 10 大无线应用公司之一；2008 年荣获"硅谷成长最快公司奖"；2009 年泰为 (TeleNav) 成为中国移动独家网络版合作伙伴，同年与福特签订正式合作协议，全面进军车载导航产品；2010 年正式转型汽车互联网。

面对上市前的那十余年踏实走来的成绩，金海平只是轻描淡写地说了一句："人总是需要幸福点做支撑，对于我来说，极致的认真工作便可以达到。"但在成功的背后又有多少人知道早期的泰为(TeleNav)曾因市场不成熟连续数月发不出工资，2002年网络泡沫化开始的时候，泰为(TeleNav)曾因筹资不易，公司从50人裁减至10人，专业经理人甚至建议董事会将公司解散。而金海平孤注一掷决定带领团队坚持下去，不仅因为他是个信念和耐力极强的创业者，更因为他是个具有独到眼光的领导人，对于手机GPS未来前景的执着和市场大环境的看好，让他在2003年将执行长担子一肩挑起。稳扎稳打，挺过了难关。

金海平在媒体采访中经常劝年轻人不要创业，他说创业者要有破釜沉舟的勇气和"十年磨一剑"的精神，当所有人都劝你不要创业、安守本分而你依然孤注一掷的时候才有机会成功。当然，这个世界对于成功有无数种不同的定义，从1999年泰为(TeleNav)成立到2010年纳斯达克上市，已经过去十年多的时间，再到2020年的今天，又一个十年即将过去，当被问到"什么是成功的时候"，金海平依然坚持初心，正如他在十年前被采访时的答案一样："对自己满意而高兴便是成功，不高兴就是没有成功。"

人和至为重要，再加天时地利

目前的泰为(TeleNav)在中国，以及北美、欧洲和南美等地区都有业务，与全球众多的知名公司保持紧密的合作关系，合作伙伴包括Sprint、Nextel、AT&T、Verzion、ROGERS、vivo、RIM、Palm、NAVTEQ、Tele Atlas、SiRF、摩托罗拉、诺基亚、三星、HTC、中国移动、台湾远传电信等。

创业这件事情原本就充满着变数，"且夫天地为炉兮，造化为工，阴阳为炭兮，万物为铜"，而与其他创业公司不同的是，从创立迄今二十一年，

在英国度假

泰为(TeleNav)的四位创始人都在公司,同气连枝,进退一致。这四人中有华裔、印度裔、白人,这也造就了泰为(TeleNav)全球员工呈多元文化的分布。长久以来,不管是创业者选择合适的伙伴,还是企业高层的人才选择,"用人"和"团队建设"总是困扰许多在美创业的华人创业者的难题之一。金海平对此有着自己独到的见解,即"寻共性"才是增强团队凝聚力的上上策。他一直秉承公司发展人和最为重要,加之天时地利才能成功的硬道理。

金海平和泰为(TeleNav)的精彩还在不断地上演,而这将激励着一届又一届哈工大的莘莘学子走向一个又一个人生新高度。

与视频软件提供商 Zoom 创始人袁征合影

不忘初心,与校友同行

早在斯坦福读博的时候,金海平就与好友——后来飞塔 (Fortinet) 公司的创始人兼首席执行官谢青共同创办过"企业家俱乐部",为他在哈工大就已种下的创业梦想做准备。现在的他依然热衷于社会活动,不仅是华源科技协会的董事,还连续多年赞助北加州华人体育会的各种活动。作为成功创业的前辈,金海平现在也会关注投资许多创业公司,他与视频会议软件提供商 Zoom 的创始人兼首席执行官袁征便相识于球场,用金海平自己的话讲,"无论袁征做什么创业项目我都一定会投",球品看人品,而优秀的人总有着类似的生活方式和爱好、敏锐的洞察力，以及相吸的特质。

在热衷社会活动的同时，金海平也给哈工大的校友们提供了很多帮助。金海平为人豪爽，哈工大硅谷校友会当年刚刚成立的时候，活动经费比较缺乏，金海平得知后，二话没说就给校友会写了一张支票，这笔活动经费5年以后还没用完。哈工大硅谷校友群创业俱乐部开展活动，他也全力支持，先后请来了知名企业家跟校友们近距离分享创业经验，包括袁征、刘成敏等等。

每次有国内校友团队到旧金山湾区联系校友会，金海平都会在百忙中抽出空来出资接待，并且亲自到场热情款待参观团。2018年计算机系师生10多人来硅谷参观，当时硅谷大公司已经有规定员工不能随便带人进公司参观的条例，为此金海平不辞辛苦，动用自己的社会朋友圈联系到让参观团去脸书、苹果、谷歌、斯坦福等等国际知名企业、机构参观的机会，此外，金海平还自掏腰包给代表团租了面包车、雇了全天的司机，晚上还请所有的老师和学生吃了一顿丰盛的欢迎宴。

在欢迎晚宴上，金海平看着桌上的龙虾，回忆起了多年前的一件事：当年，金海平在斯坦福做企业家俱乐部时，邀请了当时硅谷名人录第一人David Lee，把模板技术引进台湾的第一人的李信林（音译）先生在活动上做分享。金海平还记得，李信林先生当时跟大家分享的主题不是怎样开公司，而是要怎样做人。李信林先生在讲话中说："每一个你今天认识的人在未来都可能成为这三类人：你的投资者、你的合作伙伴或者你的顾客。所以一定要善待所有你身边的人。"这句话对金海平的影响很大，对他日后的成长起了很多正向的作用。活动完后，李信林先生还请听他分享的20多个学生吃饭，并对金海平说，老硅谷人请新硅谷人吃龙虾是传统，金海平以后有一天也会以老硅谷人的身份与年轻人一起吃饭，希望他们能把这个传统继承下去，请年轻一代吃龙虾。

目前，金海平身上有着许多光鲜的标签——"名校学子""成功创业者""上市公司 CEO""Zoom 投资人"……作为哈尔滨工业大学成功的校友之一，在支持各项社会活动的同时，他一直也没有忘记母校，保持初心，与校友同行。

秦 红

哈工大人在海外
HAGONGDA REN ZAI HAIWAI

HARBIN INSTITUTE OF TECHNOLOGY

  1988年入学哈尔滨建筑工程学院（2000年并入哈尔滨工业大学）土木工程系，1992年进入国际工程管理班，1993年毕业。1994年在美国休斯敦大学攻读工业工程硕士学位，1996年毕业，在休斯敦的艾斯苯科技咨询公司（Aspen Technology）入职。2006—2008年被公司派回中国北京做亚太地区调和技术负责人。现就职于国际工程设计领域排名第一的伍德公司（Wood.）做项目经理和产品经理。

仿佛永远分离　却永远相依

如初见

休斯敦的夏日阳光把天空照出一片大白，窗外的茵茵绿叶迎着风，窸窸窣窣一页页翻开，那是……多少年了？

第一次看到新的校区（现在叫二区）还真是新，零散分布的几座教学楼，没有什么像样的大学校门，连像样的牌子也没见着，有种《围城》里方鸿渐长途跋涉、经历重重苦难后初抵三闾大学的感觉，周边没有确切的隔离线，倒是一圈黄色的油菜花开在边界，还有比人高的向日葵蓬勃生长。

我们一群十六七八的男孩儿女孩儿拎着行李走进久负盛名的哈工大——那时还是哈尔滨建筑工程学院，目光所到之处都打了一个惊叹号。新鲜，迷茫，更多的是对未来的期待。离开了父母，我们正以自己的方式重新认识世界。

很多年过去了，印象最深的是周围同学的认真刻苦。那时的西阶梯教室晚自习不占座就没位子，同学们不到教室关灯都不回寝室。回到寝室后，晚上卧谈会谈的话题也有八卦，但更多的是哪门课比较难，比如那个结构力学的老师，他浓厚的浙江口音听起来那么有喜剧感，像含了半只苹果，可是被他挂科的学生不计其数，他的要求甚是严格，一丝一毫不含糊。还有小谁谁考了59.5，老师愣是不给四舍五入。那时的食堂饭菜品种单一，好不容易有了两道肉菜，还总是因为老师们讲得投入忘了下课而买不到。

在如此严谨的学风和周围同学的感染下，整个大学的记忆几乎都是以阶梯教室和班级教室为背景的，还有书桌上面一本本翻开的书。

上学的最后一年，因为中建部需要能派到海外做工程管理的人才，我被选拔进了国际工程管理班。学校特别安排注重英语的训练，班级里比的是老谁谁今天背了200个单词，下一次老谁谁背出了一个字母条的单词。我在那种热情的感染下也投入了积极参加托福的备考活动中。每天基本是下午上完学校的课就搭公车往补习班赶，一次课上两三个小时，然后回去吃晚饭，9点多开始自己做模拟题，做完一套，还要练听力，搞到半夜仍坚信睡眠的时间也是可以利用的，所以连睡觉的时候也是带着耳机听英文。最后考托福时的听力的确拿了满分。

如迎风

毕业后，我真的出国了。和大多数的留学生一样，带着一堆天真的设想、伟大的计划，坐上了去往美利坚的飞机。虽然在大学里我的英语算是很好的了，却没料到败给了得州的南方口音。

第一学期的两科就碰到了口音超级浓厚的老师，几个长连音之后我就找不着方向了，只好回去比别人多读两遍课本。这样的情形后来逐渐好转，因为拿了全A的成绩，得以成功转到一个犹太裔教授的手下做助理研究员（Research Assistant）。

没多久，老师开始表达对我的不满。她需要我做的是多找文献，找到新立意，可我还没从被灌输的教育方式里跳出来，至今我都还记得那次谈话，我站在复印机旁边，满面通红、无地自容的感觉。也正是那次经历让我猛然惊醒，这是对我的另一次考验，除了全力以赴，没什么别的路。从那以后，我天天泡在图书馆，看大量的文章。连走在路上，回到公寓，坐在马桶上都在想怎么找新思路，整个人像进入了另一个世界。

人的一生中总会经历这样或那样的打击，可是人被逼到某个点上一定会有一个本能的反应，就是不能被人看不起。就像一朵小浪花不肯被后面来的浪吞噬，只有不停地努力接着来，一次冲不过，再冲一次。

后来的职业生涯中，这样的情形有很多，因为我选择了做咨询服务，接手的项目就是帮客户做最优方案，解决一个又一个的问题。频繁出差来往于欧洲和南美洲，时差困扰和饮食不适都是小事，最挑战的还是想尽办法找到解决方案，让客户满意。在一次次被逼上梁山过后，反而喜欢上那种从波底上升的感觉，斗志越来越强，自信心也越来越强。

在看到中国经济极速发展的情形下，公司在2006年派我回到中国新创立的北京分公司拓展大中华市场。我成了海归了。

回国后我接手的第一个案子就

是中石油锦西分公司的石油调和系统优化。在那之前，这家公司已经和很多国内外的咨询公司接洽过，一直不是很满意，以致在和我方签订合同的时候特别注明如果达不到质量过剩控制的指标，拒绝付工程款。

  我一回中国，就扎在了当地的现场，那里的生活条件还没那么好，大冬天的要穿得鼓鼓囊囊地跑好远才能找到公共厕所，吃午饭要走很远才能找到饭馆，为了节省时间就干脆不吃。有时客户都下班了，我和同事还要接着研究问题。晚上10点多回到宾馆还会跟客户通电话讨论当日的测试结果为什么不是很理想。最后项目得到完美收官，公司收到的不止是上百万的工程款，更难得的是从那以后在中国的石油调和领域里创出了名声，我因此被人当作专家，更是天南地北地跑，从中国的南方到北方，再到新加坡、韩国，成为公司在整个亚太地区的调和负责人。

如行云

在我海归的近三年中，我看到也带领了一些优秀的新生力量，他们有上进心不怕吃苦；也看到很多浮躁的年轻人，攀比薪水却不愿意努力，跳槽频繁却没有学到什么真正的技能。有时我会为他们担心，走到最后的人一定是有着坚定信心和毅力的人，是能看见 big picture 的人。

因为家庭的缘故，我申请调回美国总部。儿子渐渐地长大，除了衣食住行，他还需要有人在他垂头丧气的时候给个鼓励的拥抱，在他怀疑自己的时候告诉他每个人都有自己的可能性，提醒他聪明从来不是必要条件，但努力却是。我希望他做事有始有终,既然做就要认真做,一定要做到极致。

他后来在小学毕业典礼上作为荣誉毕业生代表(Valedictorian)演讲,他说道:"你们有没有想过,当你们离开这个世界以后,别人会怎么纪念你们。" 我听了很受触动,一个10岁孩子有这样的意识,我想我可以放心了。

在很多个周末早上,我们在早餐桌上聊天聊得忘了时间,谈他最近读的书,写的文章。他从小愿意读书,喜欢文学,把我收藏的济慈、泰戈尔、罗伯特·弗洛斯特、惠特曼诗集都读了,突然有一天发现自己也可以写诗了,并且在9年级和10年级的时候(相当于中国的初中毕业年级和高一年级)连续两年获得全国初高中的创意写作(Creative Writing)金奖。

有时讨论一些当下正在发生的事,讨论我工作中遇到的问题,或是他在学校没能拿到好成绩的不甘心,我都会想起自己经历的种种挫败,不禁莞尔。人生何其妙哉?我们真的要感谢那些让自己痛苦煎熬的时刻,方能日后稍稍游刃有余,即使会有更多的考验随之而来,也要继续倾尽

秦 红

全力。我对儿子讲得最多的话就是：只要你尽力，只要你对得起自己。

哈工大人在海外

刘亚洲
HAGONGDA REN ZAI HAIWAI

　　哈尔滨工业大学电气工程学士、硕士，美国亚利桑那州立大学（Arizona State University）电气工程博士。刘亚洲在美国有十多年技术研究、工程开发及管理和企业工程管理的经验。先后在泰雷兹公司（THALES）、霍尼韦尔公司（Honeywell）、施耐德电气公司（Schenider Electric）和伊顿公司（Eaton）工作。参与并领导波音787电气系统电能转换子系统的研发，也曾带领团队全面负责施耐德电气公司美国西部的电力咨询业务。目前，在伊顿公司任工程经理，负责并领导微电网、电力储能、电能质量、数据中心电力系统等方面的项目。刘亚洲在国际期刊和会议上发表论文近二十篇，为IEEE高级会员。刘亚洲是美洲中国工程师学会旧金山分会理事、前会长（2016—2017）、前理事长（2017—2018），也是三谷亚裔协会（Tri-Valley Asian Association）创会理事。2018年5月，被普莱森顿市（Pleasanton）市长任命为该市能源与环境委员会（Committee on Energy and the Environment）委员。

为亚裔发声的哈工大人

刘亚洲至今都记得当年与高中挚友结伴来到哈工大后的一些细节：刚入学的时候学校正在修路，入学没多久赶上连绵阴雨，刘亚洲从他的宿舍到上课所在的电机楼到处都是泥路，他就这样"深一脚、浅一脚"地开始了自己的大学生活。

1993年，刘亚洲考入哈工大，那个时候的哈工大正在经历一个新的发展时期，到处都在修建教学设施，刘亚洲入学后短短几年间，就见证了一些标志性建筑的拔地而起，这些都给刘亚洲留下了深刻的印象。

在哈工大求学期间表现优异

刘亚洲初入哈工大就被辅导员相中，当上了班长。对于以前没有当过班长的他，挑战自不用说，但与同学的顺利磨合让他很快进入了角色，他的好奇心也开始涌动。不久，他又加入了学生会。从小活动做起，一步一步，在团委老师的协助和支持下，到大二下学期刘亚洲开始担任计算机与电气工程学院的学生会副主席。

多年后，他已记不得那时组织的许多活动，但他还能清晰地记得每一次

刘亚洲在哈工大读书期间在冰雪节留影

大的活动前与团队的精心策划,对每一个小的细节的反复推敲与准备。

大三下学期,为能顺利保送研究生,他辞去了学生会职务,最后以年级第二的成绩保送研究生。

保研后,刘亚洲大四开始进入课题组,一心投入科研。

在读研究生的时候,同宿舍的两个室友在准备考托福和 GRE。出于好奇,刘亚洲索性也尝试考了一下托福,结果还不错。也正是因为如此,到了毕业的时候,除了找工作、联系读博士,刘亚洲也顺便申请了一下国外的学校。

一切都很顺利。研究生毕业后,刘亚洲离开哈工大,去往新加坡。

赴美留学、游学、工作和"中工会"见闻

刘亚洲最大的爱好之一是旅行。离开哈工大,到了新加坡之后,让他有了更多的机会各处去走走、看看。

刘亚洲在新加坡期间,去了很多国家。在新加坡度过了一段愉快的游学时光后,他又与许多朋友一起,从热带雨林气候的新加坡,来到了沙漠气候的美国亚利桑那州凤凰城求学。

2004年初,刘亚洲获得了亚利桑那州立大学电气工程博士学位,他的第一份工作是到佛罗里达州立大学做博士后。而正是这段对船载电力系统的研究经历,又为他带来了一个新的机会。

当年十月,刘亚洲从美国东南角搬到了西北角,来到了西雅图,加入法国泰利斯(THALES)公司。当时的他作为公司在波音的重要技术代表,与波音和其他公司的工程师一起设计波音787电力系统。

在西雅图期间,一次偶然的机会,刘亚洲由朋友引见接触到了美洲中国工程师学会(Chinese Institute of Engineers/USA,简称"中工会")。这是一个由詹天佑、凌鸿勋等第一批留美学人在1917年创建的北美第一个华裔工程师组织,这个近百年的组织,就像中国近代史一样,体现着时代的变迁。

当时的学会理事基本都是由台湾过来的华裔。第一次见面,刘亚洲自我介绍时告诉大家,他是大陆过来的,毕业于哈工大。大家听后都连称有耳闻,那是台湾地区行政管理机构原负责人孙运璇的母校。这也让刘亚洲顿时倍感亲切,也正是这样一个愉悦的初识,让刘亚洲开启了一段十多年的公益服务经历。

那时,西雅图分会正在筹办2006年度"杰出亚裔工程师奖(Asian

American Engineer of the Year)"。这是美国唯一一个国家层面用以表彰杰出的美籍亚裔工程师及科学家的奖项。诺贝尔奖获得者朱棣文、钱永健,现任谷歌 CEO Sundar Pichai 等都曾获颁过其中的最高奖——终身成就奖。主办方正是希望能够通过这样一个奖项来宣传亚裔工程师、科学家对美国做出的贡献,提升亚裔工程师的地位。

刚刚到工业界工作不久的刘亚洲对这个活动非常感兴趣。他相信这是一个非常难得的了解成功亚裔人士和他们在美国工作成长经历的机会。他不仅自己全身心地投入到这个活动的组织中,还叫上了许多身边的朋友来帮忙。

2006 年初的这个活动非常成功,刘亚洲随后加入西雅图分会成为理事,他是会里当时最年轻的理事,也是唯一一位来自中国大陆的理事。

在西雅图工作了几年后,2008 年,刘亚洲离开了航空业,来到加州旧金

刘亚洲与前来帮忙做志愿者的朋友在 2006 年度"杰出亚裔工程师奖"颁奖活动后合影

刘亚洲与2006年度"杰出亚裔工程师奖"筹委会荣誉主席骆家辉在一次活动中合影

山湾区,与刚刚博士毕业不久在这里找到工作的妻子团聚。在旧金山,刘亚洲加入了施耐德电气公司,并在不久后便开始负责一个工程师团队。工作渐渐稳定下来,旧金山湾区也便成为刘亚洲的家。

来到旧金山湾区后,因一次偶然的机会,刘亚洲又与美洲中国工程师学会旧金山分会联系上。他不久便加入理事会,并在2016—2017年任会长,2017—2018年任理事长。

旧金山湾区是一个人才济济的地方,非常多的优秀华裔最后都选择到这里工作、定居。"中工会"虽然是湾区最早的华裔工程师组织,但也面临着许多新崛起的组织的挑战。怎样能办出更好的活动、吸引更多的人来参加、提供更好的平台为自己的族裔服务，是刘亚洲作为会长和理事长期间最关注的事情。为此，刘亚洲为自己设立了两个目标：一个是扩大中工会在湾区的影响力，另一个是举办一场特别的庆祝中工会成立百年的湾区庆祝活动。

经常有人说，领导一个志愿者团队是最难的。因为，人家做好了，你不能给人家涨薪水；如果做得不好，你也没法把人家裁掉。刘亚洲觉得这只说对了事情的一半。他相信，能愿意出来为自己"没事找事"的人都是带着一颗奉献的心来的，只要找到他的兴趣点、能力所在，让他做适合的任务，每个人都可以做得非常好。

正是基于这样的理念，在做会长和理事长的两年多时间里，刘亚洲成功地与团队顺利完成了这两个目标。每年30多个大大小小的活动，经常爆满，订阅活动信息的人数在两年内增加了3倍。与其他非营利组织及政府部门的合作、互动也大幅增加。

刘亚洲（前排左四）带队接受中国驻旧金山领事馆罗林泉总领事夫妇邀请访问总领事官邸

与旧金山分会30多位前会长在中工会百年庆祝活动上合影

在纽约举行的美洲中国工程师学会百年庆典上，和其他旧金山分会代表与大会主题演讲嘉宾交通部长赵小兰及其父亲赵锡成合影

与来美国访问的国内部门签署人才合作协议

扎根社区,为亚裔发声

刘亚洲在博士毕业的头几年一直计划回国,甚至几乎接受国内一所985高校的教授职位,但他最后还是决定留在美国。

既然选择留下来,也就意味着自己的孩子将在这里成长。像许多华裔父母一样,孩子的教育是刘亚洲心中最重要的事情之一。他所住的区是湾区传统的好学区,历史上以美国白人为主。随着硅谷的兴起及近几年IT行业的蓬勃发展,更多的亚裔新移民选择到这里定居。

怎样能让传统的学区制定适合新移民家庭孩子的政策便成为像刘亚洲这样亚裔新移民非常关注的议题。

亚裔在美国是最勤奋的族裔,但由于文化的原因,不善于表达自己的诉求。所以,亚裔有时自嘲为"哑裔"。在美国这样的民主社会,当你不能发出自己的声音，便没有人会知道你的需求，就会在新的政策中被忽略。为了更好地表达自己的声音、能与学区更好地沟通，刘亚洲与周围一些志同道合的家长一起组织成立了一个小团体。他们希望能够通过团体的力量把亚裔新移民家庭的需求更好地表达出来。

这个团体组织了很多活动，也逐渐壮大，成为与学区甚至主流社会沟通的一个桥梁。

2018年初，刘亚洲和其他主要成员决定正式将其注册为非营利组织，取名三谷亚裔联盟(Tri-Valley Assian Association，TVAA)，刘亚洲成为创会理事之一，当地的周报还专门在其封面上刊登了理事会的合影，并大篇幅报道TVAA及其所组织的活动。

发出声音是为自己族裔争取更多权益的第一步，在刘亚洲看来，更为重要的是能够坐到谈判桌上参与政策的制定。为此，刘亚洲的好奇心又转向美国政府的运作和政策的制定。

2018年5月，刘亚洲得到了一个新的机会，普莱森顿市长任命刘亚洲为该市的能源与环境委员会(Cmmittee on Energy and the Enviorment)委员。那时，

刘亚洲在TVAA活动上，参与者与加州州议员Catherine Baker及学区董事会主席Mark Miller合影

当地报纸 Pleasanton Weekly 把 TVAA 理事会（部分）的合影照片作为报纸封面

刘亚洲即将结束中工会理事长的任期，会有更多的时间放在新的事务上，因此刘亚洲欣然接受。

美国许多城市的各种委员会都由志愿者组成，委员会有例行会议，市政府会派相关部门的主管作为联络人。委员会提出的方案会提交市议会，由市议会决定是否采纳、实施。

这个委员会由七名当地居民组成。第一次开会前，当秘书把会议议程发给刘亚洲时，他眼睛顿时一亮，原来除了与他本职工作相关的能源电力方面的议题外，还有环境、水源供应、污水处理等热点民生问题。委员会的成员也是人才济济，有曾在美国环保署任职的特聘空气污染治理方面的专家，也有民间环保积极人士等等。

这个小小的委员会让刘亚洲接触到平时工作中无法接触的人和事，更有意义的是，这个"九品芝麻官"的职位为他提供了了解美国政府运作、政策制定的一个绝好机会。

2019年初，一个偶然的机会，刘亚洲了解到他所在的社区大学学区正在招聘校董，这个学区里有两所社区大学，总共两万多名学生。而校董是民选官员，任期四年，其中一位校董因健康原因辞去了自己的职位，按照惯例，现任理事会将招聘新的社区积极人士来填补这个校董职位，完成任期，直到下一次选举。这是一个真正能"坐在谈判桌上"参加政策制定的职位，能为自己族裔发出声音的职位，而不用选举更是让刘亚洲有些心动。

随后，刘亚洲开始调查、了解更多的信息，他也通过自己在中工会期间结识的很多朋友来了解情况。其间他得到了很多人的帮助和指点，其中有其他社区大学的校董、退休的社区大学校长、水管区的董事、市议员等，甚至全美最大的鼓励亚裔参政的组织——亚裔公共事务联盟(APAPA)的创始人尹集成先生也几次打来电话提供帮助。

朋友提供的建议和支持让刘亚洲大受鼓舞，他决定试一下。那一段时间，一有空闲刘亚洲便去了解学校的情况。什么是学校最关心的问题？什么是学生最关心的问题？学区对刚刚在2016年通过政府债券形式筹集的9.5亿美元的建设经费会怎样使用？

忽然间，刘亚洲有一种"跨界"的感觉。

面试的前一周，竞选名单公布，13人申请，其中7人符合条件，将安排面试。而让刘亚洲意外的是，这7人中竟有两位政治老手，一位是普莱森顿前任市长，另一位是都柏林前任市长。这两人也分别曾在2014年、2016年参加过加州众议员选举。而后者，更是在参选州议员时，获得过近百万美元的政治支持，同时还是民主党美国总统候选人、联邦众议员Eric Swalwell的高级助理，可谓绝对的政治"老江湖"。刘亚洲顿时觉得自己本来就不高的胜券忽然下降。不过，很快，刘亚洲便释然了。有这样的政治老手参与，他不再有任何负担。赢，将成为一匹不折不扣的黑马；输，再自然不过。

刘亚洲的面试表现非常好，不过他却没有成为那匹"黑马"。

如果按照结果，这只是一次不成功的尝试和经历，但刘亚洲并不这样看，他觉得这是他平生最有意义的一次"跨界"。在整个过程中，他得到了太多人的帮助和支持。在美国，亚裔参政是一条漫长的路。有时，只要勇于站出来，让别人看到，这本身就是一种贡献。而在过程中积累的经验更是自己及后来人的一份宝贵财富。这段不成功但却收获满满的经历，让他更加坚定地支持亚裔参政。

甚至，或许有一天，刘亚洲还会再试。

落下的每一步都是一个新的起点

2020年是刘亚洲离开哈工大的第二十个年头，"读万卷书，行万里路"

使得刘亚洲走过了很多地方、经历了很多事情。回首来路，已走出很远，回想起来，刘亚洲对哈工大培养出的"规格严格，功夫到家"的做学问、做事的态度，和在学校社团活动中通过组织活动得到的各种历练尤为感激。以至于后来无论是在海外学习、工作，还是做公益，时不时地还能想起母校恩师的谆谆教诲。

如今，刘亚洲已不再是懵懂少年，但他的心里依然怀着来时的那份好奇。前面还有很多路要走，而落下的每一步都是一个新的起点，每走出一步也都是一个决定与判断。

刘亚洲相信，只要心怀一份好奇，愿意走出自己的舒适区，去挑战自己，再加上不懈的努力，就一定会到达想去的地方，也一定会走出一条让生命更有意义的路。

哈工大人在海外　朱军

HAGONGDA REN ZAI HAIWAI

HARBIN
INSTITUTE
OF TECHNOLOGY

  1993年进入哈尔滨工业大学化学系复合材料专业攻读硕士，1996年春毕业。之后进入浙江大学化学系物理化学专业攻读博士。2000年赴美留学，在圣何塞州立大学计算机工程专业攻读硕士。2001年在Trident Micro-System 作为ASIC芯片工程师开始工作。后来在Intel工作了6年，应用最新的技术做3DXPoint存储控制器芯片的架构设计。2017年，在华为美研院做了7个月的高级顾问。于2017年底开始创业，在深圳成立了乐心平江科技有限公司，同时在硅谷设立分公司（InnoMedi Inc）。目前的项目主要是医疗可穿戴设备、AI以及区块链技术在医疗中的应用。2020年会有2款产品进入FDA、CFDA认证，同时开发了3个系列的医疗产品。朱军目前担任哈工大北美校友会的秘书长，SVCWireless（硅谷中国无线科技协会）的执行会长，以及北美浙江商会新技术部的副主席。

哈工大奠基踏上创业征程

1993年8月,朱军作为化学系复合材料的研究生来到哈工大就读,当时他住在6个人一间房的宿舍,时至今日回想起来,朱军还能清楚地记得宿舍所有人的名字,而今他的舍友除了一人留校之外,其他人都已天南海北了。

据朱军回忆,那时候哈工大化学系实验室条件还十分简陋,有一些还在主楼的地下室,大部分实验室在一座小楼里,每个实验室的楼道总是黑黑的,朱军当时所在的实验室在一个拐角处,条件还算良好。

那时候朱军所在专业主要在做与人工晶体相关的课题研究,他的研究方向是"激光倍频人工晶体的水溶液生长"。在哈工大的两年半,朱军大部分的时间是在寝室、食堂、实验室之间奔跑。多年后,朱军回想起那段时光,给他最大的收获是严谨的治学态度和认真的实验精神。"正如校训所说的'规格严格,功夫到家'。我自身一切科研的态度,都是在哈工大这些年养成的。"

多年过去,时过境迁,原来的那座实验室楼房如今已经变成了哈工大附中的校址。朱军离开的这些年,哈工大的变化让人难以想象,实验室的设备是朱军当年想都不敢想的。2019年深圳校区开始招收的本科生,分数段拿到了广东省高校第一名。哈工大学子严谨的作风也让朱军在创业过程当中深有感触,无数师兄师弟都在各行各业中崭露头角,让朱军为自己是哈工大人而骄傲。

1996年从哈工大毕业之后,朱军继续在浙大攻读博士。

身赴北美

2000年朱军来到了美国硅谷。在此之前他从未想过有一天会来到这里。

朱军是地道的哈尔滨人,从初中开始学的就是日语,那时他一直想的是去日本留学,而最后却阴差阳错地到了美国。

到硅谷后,朱军面临了人生另一次抉择——换专业,硅谷是一个以半导体芯片开始的计算机专业的世界,朱军那时也就自然而然地选择了去读一个计算机专业的硕士。作为一个没有任何计算机基础的人,要在美国读一个计算机专业的硕士,必须要补8门本科的课程,一切从零开始,这对于朱军来说困难重重。

彼时的硅谷刚刚经历了最好的时候,互联网的第一次热潮让很多人经历了一夜暴富的神话。但泡沫总有破灭的时候,2000年底".com"崩盘让硅谷出现了大萧条,很多人一夜之间从百万富翁变成了穷光蛋,更多的人失去了赖以生存的工作。而朱军无疑是幸运的,在学校的第二个学期,也就是2001年6月份,还没有补完本科课程的情况下,朱军就找到了第一份工作,在Trident Micro-System做图形芯片。就是从那一刻起直到创业之前,朱军一直和芯片架构和设计相伴,后来他分别在Intel和华为美研院供职,其中在Intel工作了6年之久。

刚到美国的时候,朱军对这个国家的风俗习惯、处事方式等等一无所知,经过一段时间的努力才能够适应美国的生活。而在将近20年的学习生活之后,朱军也总结了一些在美国生活的经验出来,比如美国的教育体制和方式其实更强调团队意识;华人的第一代移民很难融入到美国的主流社会中去;

每一个在硅谷高科技界的华人都是极为优秀的，但是缺乏团结精神和意识，这也造成了目前印度人在硅谷的集团优势；第二代移民基本上已经完全西化了，等等。

如何改变华人的生存现状，如何能让第一代移民特别是年轻一代的人可以有更好的生存空间，一直是朱军想做出努力、做出改变的方向。

思考创业

2008 年美国次贷危机爆发，硅谷又是一片哀鸿遍野，朱军在 2009 年也失业了。在寻求新工作的过程当中他不断地反思，自己未来到底可以做什么？应该做什么？即便是 2010 年进入 Intel 之后，朱军也依旧在思考这样的问题。那个时候他还参加了一些硅谷本地的社团（比如 SVCWireless），参与了一些活动组织等工作。随着接触的人越来越多，朱军的想法也发生着变化。

大约 6 年前，朱军开始认真思考将来创业的领域。

就朱军的老本行而言，芯片无疑是一个比较好的方向。但这么多年的芯片工作做过来，朱军也深知其中的各种困难，团队、市场、资金等方面任何一个出现问题都意味着创业失败。这些朱军在最初工作的几家公司都看到过、经历过。那么，什么才是一个可以投入进去而且可以长期稳定发展的行业呢？经过长时间的思考，朱军为自己选择了两个方向：

一个是医疗行业。医疗行业无论是美国还是中国，都存在很大的机会，特别是用医疗可穿戴设备、大数据和 AI 来改变现在的医疗现状。

另外一个是教育行业。而今的互联网教育持续发展，但单纯的线上模式并不能够长足进步，针对中小教育机构的服务，以及线上线下相结合的模式才是可行的出路。

朱军说，当你选择去创业的时候，首先需要考虑的是你的专长在哪里，其次就是所要专注的方向，而最终决定项目能否发展的关键是拥有一个稳定高效的工作团队。

2016年开始，朱军开始针对医疗和教育的方向组建团队，做项目，他的创业大幕就此拉开。

在医疗方面：2016年底与合作方（301心内科）验证原型机；2017年二月拿到种子轮融资；2017年9月深圳公司成立；2018年5月第二次产品验证（PCBA）；在301做了40例病患；2019年7月完成产品设计，准备进入CFDA、FDA认证流程；2019年8月完成第二轮融资；2019年9月参加哈工大校友创业大赛在上海的决赛。整体进展顺利。

在教育方面：2016年组建团队；2018年美国以及深圳公司成立；2019

2020年1月，在深圳公司logo旁留念

2020年1月在深圳公司大会议室

公司产品外包装

年6月产品上市（APP-留学汇）；2019年7月开始产品运营和推广；2019年8月，团队组建完毕，开始第二轮融资步骤。

朱军的创业计划可以说是在有条不紊的进行中。繁忙的工作之外，他还和几个哈工大校友一起商量组建了硅谷哈工大校友足球队，在球队的组建过程当中，一直得到几位球队大佬的支持。球队参加了2018—2019年硅谷8×8华人足球联赛并取得了第四名的好成绩（17支队伍参赛）。同时也参加了2019年华联杯的比赛，尽管未取得佳绩，但大家的努力和在比赛中体现出来的哈工大精神令人欣慰。因为长时间在深圳的缘故，朱军也经常参加哈工大深圳校友足球队的比赛。深圳校友足球队年轻人多，在深圳高校当中是名列前茅的队伍。与哈工大校友一同踢球让朱军在紧张的创业状态中得到了一定的放松。

2019年朱军的创业项目获得了哈工大第一届校友创新创业大赛一等奖，并作为路演项目于11月15日参加了央视《创业英雄汇》节目的录制。

2019年8月哈工大硅谷足球队全体成员合影留念

2019年11月公司团队合影

2019年9月在哈工大第一届校友创新创业大赛总决赛中获一等奖，在现场与杨士勤老校长及校友合影

2019年12月获青岛留创赛决赛总成绩第一名

2020年哈工大将迎来100年校庆。作为哈工大学子,朱军为母校生日赋了一首诗:

赠母校哈尔滨工业大学百年校庆

> 峥嵘百年亦平常,
> 国有名校出东方。
> 一别西苑二十载,
> 年年月月思故乡。
> 规格严格是校训,
> 功夫到家做文章。
> 夕年工大为学子,
> 而今桃李满芬芳。

哈工大人在海外

朱晓蕊
HAGONGDA REN ZAI HAIWAI

HARBIN INSTITUTE OF TECHNOLOGY

  毕业于哈尔滨工业大学机电工程学院，分别于1998年和2000年获得学士和硕士学位，2006年于美国犹他大学获得博士学位。现为哈尔滨工业大学（深圳）教授、博士生导师，IEEE国际机器人与自动化学会广东分会主席。作为联合创始人孵化了多家知名高科技企业，包括国际无人机厂商深圳大疆科技、国内头部激光雷达厂商深圳速腾聚创等。作为项目负责人先后承担国家重点研发计划、国家自然基金重点项目等多项国家级前沿课题，并获得国家科技进步奖二等奖一项。曾先后任IEEE国际机器人与自动化学会产业活动委员会和会员活动委员会执委、国际事务委员会主席，2015年被评为Notable Women in Robotics，发起全球人工智能与机器人峰会（GAIR）并任历届组委会主席、程序委员会主席。

与哈工大的不解之缘

从"没出国的想法"到"赴美留学"

多年后,朱晓蕊回忆起从哈工大毕业后赴美留学的往事,笑言出国读书对她而言是意料之外的事情,实属"动机不纯"。

当年,朱晓蕊在哈工大读本科时,除了清华、北大等几个少数高校之外,大部分学校都没有浓厚的出国学习氛围和传统,周围环境几乎没有"出国"这个关键词,朱晓蕊也没有丝毫出国学习的想法。

本科毕业后,朱晓蕊选择继续在哈工大的机器人研究所攻读硕士。哈工大机器人研究所可以说是国内高校中最早成立的前沿交叉学科研究院之一,当时聚集了全校相关学科的诸多精英教授,朱晓蕊觉得能在这里继续学业是一件挺骄傲挺酷的事情。当时她所在的实验室是王炎教授领导的爬壁机器人实验室,由于她的导师赵言正教授给学生们提供了宽松的学习和研究环境,因此她几乎所有课余时间都在实验室里度过。当时恰好实验室有两个师兄对出国留学这件事儿非常热衷,并且还带动实验室所有的研究生一起学英语,尽管当时的朱晓蕊并没有出国的想法，不过想到学习英文对以后的工作生活也大有裨益，索性就买了一本新东方的红宝书，跟着一起学了起来。

硕士期间，朱晓蕊英文提升了一大截，光红宝书都背了好几遍，后来她想，既然学都学了，趁着暑假闲暇时间报个班，把GRE考一下，权当是检验一下学习成果。最终GRE考完，朱晓蕊的成绩不错，完全够资格申请国外的学校了，但彼时她依然没有留学的想法。

转眼，朱晓蕊硕士毕业了，她的丈夫——知名科技史作家林军当时正在重庆工作，就职于《电脑报》，朱晓蕊也就跟着去了重庆。当时毕业后朱晓蕊的第一想法就是找家公司工作，但当时重庆没有跟她专业十分对口的企业，所以，朱晓蕊到重庆之后，选择了在重庆大学读博，师从中国工程院院士、重庆大学光电信息工程系当时的教授黄尚廉。

在重庆大学读博期间，朱晓蕊参与了黄尚廉院士团队的一个十分前沿的课题研究——MEMS（微机电）光开关，黄尚廉院士对朱晓蕊十分认可，甚至建议她读完博士之后就留校，在他那个团队任教。不过，对于这件事情朱晓蕊迟疑了，因为当时的她觉得自己还很年轻，对未来还有更多的期待，并不想就这样按部就班地当一辈子老师，如果有机会，她还是想尝试一下别的道路，后来突然想起，自己还有出国这个选择。

当时朱晓蕊各方面都已经符合条件，只需要再考一个托福就可以申请学校。所以，在研究前沿课题的间隙，她利用业余时间准备了托福考试，然后向美国的学校投递了入学申请，没多久就拿到了录取通知。当朱晓蕊拿着美国学校的录取通知去跟黄尚廉院士说明的时候，黄院士劝说她留在重庆大学教书，但那个时候她已经拿到了美国签证，最终还是选择了出国。时隔多年后，朱晓蕊回忆说："当时黄院士是有些生气的，但后来也释然了，觉得作为学生的我们只要发展得好就行。"黄尚廉院士已于 2008 年在重庆去世，回想起当时师从黄院士的日子，朱晓蕊话语之间仍对他心存感激。

犹他大学往事

朱晓蕊在重庆大学读了两年博士，还没毕业就远赴美国，到犹他大学深造。

因为朱晓蕊在哈工大机器人研究所读硕士的时候，研究课题是可以用来清洗玻璃幕墙的爬壁机器人技术，所以她后来申请到美国犹他大学的机器人技术与系统实验室攻读博士的时候，同样选择了移动机器人相关领域作为博士期间的研究方向。

"我的导师是个美国人，他看中了我的研究背景和他的方向特别一致，所以就录取了我。"

进入犹他大学后朱晓蕊才知道，她在犹他大学的导师当时还只是助理教授，朱晓蕊是他的第一个博士生。其实在当年，朱晓蕊选导师的时候，很多人都建议她选一个华人导师，但是她对这件事坚决说了不，因为她当时出国就是为了体验不一样的学习工作方式，一个华人导师身上很可能还是带着中国人的习惯，很难让她体会美国不一样的思维逻辑和行事风格。

后来的事实证明，选择美国导师也是正确的。当时朱晓蕊每周都要和导师单独开会，每一次她跟导师开会的时候，除了讲一些课题上的进展之外，有时候也闲聊些生活方面的东西。朱晓蕊很清楚地记得，有一次导师跟她说，当地发生了一件比较轰动的事情，然而朱晓蕊却一头雾水，因为她平时关注的都是中文网站，对当时所在城市发生的事情基本都不了解。她

的导师就建议她去关注一些当地的新闻、事件，久而久之，她在跟导师沟通的时候也多了一些话题，而她的思维方式也在潜移默化地发生着改变。

当时在美国读博士，入学并不代表已经开始读了，入学之后第一年也需要上课，而且要通过资格考试，成绩合格后才正式开始攻读博士，就是这个资格考试给朱晓蕊带来了不小的挑战，也让她有了人生中难忘的体验。

美国博士的资格考试方式每个学校都不一样，而且并不是走过场的考试，每年都有很多学生通不过，如果考不过，就等于与读博无缘。据朱晓蕊回忆，她当时的考试分两部分：第一部分是笔试，并且都不是常规的题，而是一些让考生用原来学过的东西动脑筋去分析的应用题，其中还有些是开卷考试，用她的话来说，"开卷比闭卷还难"。笔试之后还要面试，三个老师随机问问题，这些问题都是事先没办法准备的，而且会刨根问底，一直问到考生答不出来为止，说到底，就

是考验学生对所学知识有没有完全掌握，没有扎实的基本功和对知识的深刻理解，是很难过面试这一关的。所幸，朱晓蕊在倾尽所有她知道的知识后，通过了这场考试。

至今，朱晓蕊都认为，是这次考试让她第一次深刻理解美式教育和美式做学术是什么样子的，"教育的东西是蛮讲究的，很多时候我在外面不光是看了很多东西，最重要的是知道了什么是科学的思维方式，并且也养成了一些很好的思维习惯，这是我在外面读博士最大的改变"。

朱晓蕊在犹他大学读了四年半博士之后毕业，这个速度在当时来看已经很快了，并且在四年半里，完成了她的一件人生大事——她的女儿出生了。

回国发展

"当时就是想着出去看一看，去那边读个博士就回来了。"

当朱晓蕊说决定回国的时候，她周围大部分人都不是很理解，甚至不相信。因为那个时候出国发展的人很少有回来的，所有人都觉得朱晓蕊想回国发展只是说说而已，但于她而言，从出国那天起，就认真思考过这个问题，并且决定读完书就回国，这个想法一直都没变过。

博士快毕业的时候，她的美国导师希望她能留在美国，进学校当教授，而导师给她的理由也很充分：一方面，美国对女性优先很看重，假如两个水平差不多的人争一个教授的名额，大概率会是女性被录取，这样就能免去可能引起的"性别歧视"的问题，对于朱晓蕊来说这也是一个优势；另一方面，在北美做机器人的圈子里有很多有分量的华人，对她将来在学术圈的发展会很有利。

听了导师的分析后，朱晓蕊也短暂地动摇了，"留还是不留"这个问题在导师劝说她之前完全就不存在，因为此前她是坚定要回国的，但导师的分析让她觉得还很有道理，那时候她已经在美国住了将近五年，那边环境也很不错。后来她征求了丈夫林军的意见，林军当时想做中文科技媒体，回国环境会比在美国更有优势，而对朱晓蕊来讲，在哪都一样，反正也都是从头开始。所以二人最终决定回国发展。

回国后，朱晓蕊的第一想法还是找个公司工作，此前也从没想过去学校任职。于她而言，从小学开始，到博士毕业，一直都在学校里，她很渴望出去看一看在学校外面工作是什么样的，但这个想法很快就发生了转变。因为她的孩子刚出生不久，需要照顾，她如果去企业工作，肯定没有太多时间顾及家庭，但是如果在学校任职，起码还有寒暑假，更方便照顾孩子。

于是，辗转过后，朱晓蕊又回到了母校哈工大，不同的是，走的时候她还是一个学生，回来已经是为人师表，离开时的地点是冰天雪地的哈尔滨，归来时却到了气候宜人的深圳。

当时，哈尔滨工业大学（深圳）刚刚成立不久，名字还叫作"哈尔滨工业大学深圳研究生院"，此前，更加注重产业发展的深圳为了提升学术力量，引进了很多学校，包括清华、北大、哈工大、南开等国内知名院校来深圳合作办学，整个深圳在学术上的发展可以

说是处于起步阶段，并不是学术圈的中心地带。但朱晓蕊当时却没有想太多，对母校哈工大的认同感可能让她从心底相信，未来哈工大在深圳一样能做出不错的成绩。

当时深圳市对如何管理大学这件事也没有太多经验，导致这些合作办学的学校看起来十分不稳定，这也让哈工大深圳研究生院招老师陷入困难的境地。由于本科、硕士都是在哈工大读的，熟悉哈工大的文化氛围，又下定决心在深圳做事，同时学校方面也觉得朱晓蕊对哈工大有认同感，当时朱晓蕊面试非常顺利，由此，她也成了哈工大深研院她所在学科最早的全职教师之一。

朱晓蕊至今还记得，她来到深圳面试试讲的那天，院办的司机开着车去机场接她。多年过去，哈工大深圳研究生院已经发展壮大成了深圳校区，吸引了很多优秀人才到此，现在应聘的教师再也没有那种"奢华"的待遇了。

如今，朱晓蕊已经是哈尔滨工业大学（深圳）的教授，博士生导师，在学术上成绩斐然。从学生到教授，她与哈工大在一起的日子已经近二十年，她的身上已经被打上了"哈工大人"的坚实烙印。说起自己多年的哈工大生涯，朱晓蕊说，哈工大的校风对她的整个学习、工作生涯影响非常大，"哈工大人"的身份、哈工大务实的风格成就了今日的她。

哈工大人 **在海外** HAGONGDA REN ZAI HAIWAI

戎亦文

HARBIN INSTITUTE OF TECHNOLOGY

  2001—2005年本科就读于哈尔滨工业大学，2005—2011年于斯坦福大学读博。2010年，入职飞利浦照明担任半导体工艺工程师。2013年入职苹果担任产品项目经理。2014年3月入职亚马逊实验室任高级工程项目经理。2015年加入凌感科技创业团队，担任产品开发副总裁。

做一个对世界充满好奇心的人

多年以来,"一毕业母校就盖新楼""刚毕业学校就装修"已经成为诸多刚刚毕业的学生党口中的流行话题,表面上看是怨学校不早点改善校园环境,其实这些调侃更多寄托着学生对母校的回忆和对校园生活的怀念。

2005年年初,一座新的学生食堂在哈尔滨工业大学落成,名字叫学苑楼,学苑楼的第三层采用了玻璃顶设计,采光甚好。这样的设计在那个年代的哈尔滨还算比较新鲜,这个地方也是一些学生经常光顾的去处。

新楼落成这一年,戎亦文毕业了。

哈工大往事

2001年,戎亦文考进哈尔滨工业大学航天学院21系,就读于实验学院。戎亦文当年是个喜欢物理学、也喜欢工程系的少年,很多知名物理学家的励志故事让他决定未来在工程和物理相关领域去研究探索。而21系则是一个物理和工程结合的跨界学科,对于当时的戎亦文来说,是一个很自然的选择。

戎亦文说他是一个有社交恐惧症的人,哈工大更专心于学术的学习环境,让他感到无比的舒适,因为略显枯燥的校园生活正好可以让他更专注地读书。在哈工大读书期间,戎亦文投入了大量的时间和精力在专业学术的钻研上,校园生活对他而言颇为充实。

戎亦文在哈工大就读的是光电子专业，光电子技术对于信息产业影响巨大，特别是在那个对光纤通信有着极强需求的互联网爆发的时代。不过，2001年，正值美国互联网泡沫接连破灭，光纤通信也在全球进入了一个低谷期，对于光电子技术的学子来说，无疑是一个坏消息。

好在这门学科在中国刚刚兴起，并且发展迅速，使得国内学生还不至于对美国的泡沫影响感到焦虑。入学后，戎亦文很快就对量子通信的潜力产生了浓厚的兴趣。用戎亦文的话说，量子力学对物理和哲学的探讨本来就很对他的胃口，而量子通信优异的保密性能，更是让很多学者专注研究，未来有很大的研究价值。

有了方向之后，戎亦文就开始苦心钻研。大学四年级，戎亦文加入了21系马晶老师的课题组，设计了基于卫星通信应用的传统量子密钥分配的系统，还发表了一篇物理学报论文。

这些为戎亦文日后的海外求学和职业生涯打下了坚实的基础。

斯坦福求学

哈工大四年本科毕业后，戎亦文选择了远赴美国求学，进入斯坦福大学，师从美国工程院院士 Jim Harri。

Jim Harri 是半导体光电领域的世界级学者，泰山北斗级别的人物，他的导师 Gerald Pearson 是太阳能电池板的发明人，据说，如果不是 Gerald Pearson 去世得早，那么2000年的诺贝尔化学奖获得者非他莫属。另外，Jim Harri 的业界导师——Herbert Kromer 则是半导体异质结激光器的发明人，2000年诺贝尔物理学奖得主。

算上去，戎亦文也算是师承名门，从到斯坦福求学，拜入 Jim Harri 门下的那一刻开始，戎亦文觉得他的人生之路应该很明确了，这是一条一眼能望到头的路：未来7年，坐在黑乎乎的地下室，烧炉子，做芯片，学物理；读博士、博士后，当教授，在象牙塔里面度过平静而喜乐的一生；探索科学真理，桃李满天下。

然而事实，总是出人意料的

2011年，戎亦文博士毕业，这一年，金融危机引发的"经济大衰退"还在持续，并且有愈演愈烈之势。在这个大背景的影响下，学校给新老师的教育经费更是一减再减。据戎亦文回忆，曾经在2007—2008年撒钱不眨眼的"大土豪"英特尔，也很难拿出经费支持他的后期研究。

就这样，戎亦文决定进入职场，通过师兄推荐，最终他入职了飞利浦照明，当了一名半导体工艺工程师，专攻高功率LED产品。

进入职场

"规格严格，功夫到家"，哈工大这八字校训在很多外人看来就是一句大白话，它远不如清华大学的"厚德载物"这样出自《周易》的句子显得有文化底蕴。然而这句"大白话"却对戎亦文产生了巨大的影响。

当年，硅谷工程师文化中有一个很重要的概念叫"dive deep"，翻译成中文大概有点"刨根问底"的意思，这是一个好的工程师或者说工程人员必需的素养。当大家都在钻研高精尖的科技、探索未知世界时，扎实的基本功、对自己专业性的高要求和深入钻研对认知事物本质有着重大的作用。而哈工大的"规格严格，功夫到家"的文化早已让戎亦文有了扎实的学术基本功、深入钻研探索的欲望和求知的思维方式。

很快，戎亦文在飞利浦照明就做出了不错的成绩，参与开发出了应用于照明、车载、显示和照相机闪光灯等多个领域的产品。

2013年，苹果手机的产品项目经理总监找到了戎亦文，试图说服他加入苹果。戎亦文最后决定接受邀请，入职苹果做了一名产品项目经理，这是一个类似硬件产品经理的职位，更多负责硬件产品feature的制定和开发。在苹果，戎亦文参与了史上销量最高的iPhone机型——iPhone 6的显示和传感子系统的开发。

一年后，戎亦文和老同事一起加入了亚马逊，参与了一个秘密项目。

同年10月，产品发布，这就是开启了全球"智能音箱"潮流的划时代产品——Amazon Echo。亚马逊给戎亦文的影响是深刻的，在亚马逊，戎亦文深度参与了从产品规划到产品完整feature的设计、讨论和执行的全流程，也正是在亚马逊，戎亦文真正地认识到了一个重要的、优秀的产品是如何打磨出来的，知道了对于一个优秀产品来说，什么是重要的、什么是可以变通的。

这些职场经历，为戎亦文日后的创业积累了丰厚的经验。

创业历程

正如进入职场是一场偶然，戎亦文开始创业同属偶然。

2014年底，在一款产品开发期间，戎亦文发现计算机视觉和人工智能的结合能够给消费电子产品未来带来很多新的交互方式和功能。他觉得这是一个未来的趋势，并且将他的想法告知了团队和领导，在一系列内部的实验和论证后，并未得到团队管理层的支持。但是戎亦文并没有停止对这个方向的探索。

很快，一个刚开始创业的亚马逊前同事联系到了戎亦文，他们都对虚拟现实和增强现实品类的产品充满了兴趣，经过交流和沟通，聊了很多各自的想法。

2015年，戎亦文决定以合伙人的身份加入同事创办的公司——凌感科技uSens，担任产品开发副总裁。

创业的日子是艰苦的，在大公司只做好产品开发即可，可以心无旁骛地搞研究，但是创业公司需要做的事情更多更杂，融资、销售、业务、产品和技术都需要做。戎亦文的工作时间也逐渐由过去一周工作60小时变成一周工作100个小时甚至更长。

凌感科技 uSens 一开始专注于用计算机视觉技术开发消费电子市场的交互解决方案。然而对产品管理、开发和对客户需求理解得不够深入，导致开发产品一直没有得到足够广泛的市场关注。

到了 2017 年公司碰到了一些困难，开始痛苦地转型。戎亦文和合伙人共同思考了过去在产品开发和业务方向上的问题，及时调整了方向，慢慢转向了汽车智能驾驶舱人机交互系统产品这个细分市场，从此公司业务逐渐好转，慢慢开始有了客户和收入。

2017 年，人工智能圈子里面出了一件大事儿：斯坦福教授、著名人工智能专家、人称人工智能四大金刚之一的吴恩达（Andrew Ng）离开百度，并在同年先后宣布创办了 Deeplearning.ai 和 Landing.ai，Deeplearning.ai 是为了向全世界普及深度学习知识，而年底成立的 Landing.ai 则致力于用人工智能服务工业和制造业。

2018 年年中，因为一个偶然的机会，戎亦文接触到了 Landing.ai 的同事，通过数月的沟通，戎亦文觉得这是一个非常有意义的领域，也能学到很多新东西，于是 2018 年中作为早期员工加入 Landing.ai。这对于戎亦文来说，是一个全新的挑战，工业机器视觉和深度学习是非常前沿的课题，而且软件服务行业也是他第一次涉猎，每天都非常充实，在这样的环境下工作再一次促进了他的快速成长。

戎亦文的海外之旅还在继续，14 年海外生涯，让他感慨良多："过去 14 年，要说成就、财富、名声，并没有所得。然而人生的发展的确是丰富多彩，甚至可以说出人意料，和 2005 年的设想截然不同。如今获得的充实和幸福都来自本身的初心：做一个对世界充满好奇心的人，探索不止。"

这一点，其实当戎亦文还是那个 2001 年站在哈工大图书馆门前的少年的时候，就已经扎根于心。时至今日，已经毕业 14 年，学校的生活却仿佛仍旧在昨天，他也似乎从来没有离开过。

哈工大人在海外

龚超慧
HAGONGDA REN ZAI HAIWAI

HARBIN
INSTITUTE
OF TECHNOLOGY

  2002年考入哈尔滨工业大学机电学院机械设计制造及其自动化专业，是上海宾通智能科技有限公司的联合创始人兼CEO，卡内基·梅隆大学机器人方向博士。其研究方向为复杂高纬度系统的规划与控制，曾在Science、PNAS等期刊上发表40余篇论文，也同时拥有多项专利。2015年至2017年在卡内基梅隆大学机器人研究所担任Project Scientist，负责应用于制造业场景的机器人系统的开发工作。AI青年科学家联盟A班生计划成员。

与机器人结缘
从哈工大开始

从学生时代起，龚超慧就表现出了对机械和物理的偏爱，对各种运动系统的组成和改装表现出极大的兴致，所以，他高中毕业后选择了去哈尔滨工业大学就读，想要进一步挖掘自己在机械方面的潜力。

2002年，龚超慧进入哈工大机械设计制造及其自动化专业求学，在日常学习中不断地丰富自己的理论知识，同时，他也在不断思考机器人未来的应用领域。

龚超慧大二时参加了一次仿生机器人比赛，他的参赛作品是"螃蟹机器人"，正是这次比赛让龚超慧认识到了仿生机器人未来更多的可能性以及实际应用的潜力，从而激发了他对仿生机器人的研究兴趣，并希望能了解更多机器人的功能和应用。

随后大三、大四期间，龚超慧两次代表学校团队参加了亚太机器人大赛。大三时，龚超慧与团队成员一起设计开发了一款"抬轿子机器人"，从中验证了多机协作与控制的可行性，那次比赛中，他和他的团队也获得了国内赛和国际赛的冠军；大四时，基于对机器人减轻人力工作负担以及对机器人工作技能的挑战，龚超慧和团队携带"造金字塔机器人"再次参加了亚太机器人大赛，作为初次精细化机器人工作能力的尝试，龚超慧带领团队取得了八强的好成绩。

在哈工大期间，多次参赛经验加深了龚超慧对机器人的深厚兴趣，并且基于机器人可以打造一个高效、便捷、安全的新世界这一理念，龚超慧对自己未来的计划也逐渐有了清晰的轮廓。

2006年，龚超慧从哈工大本科毕业后，选择了前往卡内基梅隆大学深造，主攻机器人研究和应用方向。

赴美学习与创业

在美国深造期间，龚超慧积极接触了最新理论和研究，不断丰富自己的知识和阅历。

在卡内基梅隆大学里，他结识了众多行业知名专家学者和其他专业的研究生，并积极参与蛇形机器人的研究，曾与物理学家 Dan Goldman、生物学家 David Hu、机器人学家 George Kantor 等有过深入的合作交流，为蛇形机器人的研发和应用奠定了理论基础，并且在此期间研发出蛇形机器人运行的关键技术——复杂多自由度机器人系统的运动规划与控制理论，该技术可以广泛应用于各类机器人及系统，优化其系统控制，无论在科研上还是实际应用中都推动了该行业向前迈出重要一步，这个技术还参与到了实际应用中，如埃及考古、墨西哥地震救援以及核电站等项目。

在学术研究方面，龚超慧在美国接触到了 Howie Choset 的教科书——*Principle of Robot Motion*，随即对机器人自身运动、与周边环境互动等方面研究的运动规划产生浓厚兴趣，并在读博期间，师从 Howie Choset 教授，参与了教授的多个机器人项目应用研发。在教授指导下，融合自己对规划算法、人工智能算法、运筹学算法、SLAM 算法、运动学及控制学等理论及技术的认知和研究，龚超慧一共在世界各大学术期刊发表论文四十余篇，其中包括世界

顶级期刊 *Science*、*PNAS* 等。

毕业前夕，富士康与卡内基梅隆大学在一个研究项目上有了合作，作为项目负责人，龚超慧主要负责算法框架设计、软件架构设计和运动规划等方面的工作，解决智能制造和智慧物流场景下存在的有共性且困难的技术问题，借此龚超慧正式接触到了机器人在工业上的应用。

在短短一年半的项目期间，龚超慧迅速洞察到，虽然当下工业4.0在全球范围内如火如荼地进行，也有众多优秀的智能化案例解决方案，但随着人们的消费模式、生产模式、先进技术的发展等众多可变因素的变化，工业、制造业方面依然有着大量的工程问题亟待解决，然而这些问题是有切实可行的解决方案的，基于解决工业、制造业方面所存在的问题、技术产业化的想法和普及机器人解决方案以及助力工业、制造业升级转型的愿景，在2017年初，龚超慧和其他创始人共同创立了 BITO Robotics，并获得了天使轮880万美金融资。

在美国公司成立之后，为完成一套支撑智能制造、帮助行业升级变革的系统，龚超慧携手团队成员以技术作为公司优势和长处，不断磨炼、创新研发能力，巩固自身技术实力，半年多的时间就形成了核心模块诸如运动控制系统、SLAM技术、软件架构等的框架，并在美国申请了专利。

技术研发取得第一阶段的成果后，龚超慧开始计划下一步走向应用的阶段，他很清楚只有在应用中获得真实的反馈，才能准确掌握客户的需求和痛点，从而研发出真正可以帮助行业升级变革的系统。时值中国工业市场正在推工业4.0，行业产业大范围进行技术升级和信息化转型，众多工业/制造业行业客户亟需改变自身生产模式适应市场潮流变化，龚超慧瞄准这个时机，同时也有带先进技术回国推动国内相关产业的升级、提升国内工业信息化在全球的地位的抱负，便于同年12月回国在上海创立上海宾通智能科技有限公司，主要业务为机器人运动控制、导航算法、地图构建算法的研发并且提供智能工厂、智能物流等行业解决方案。

公司自成立以来，注重技术研发和市场需求，企业营收情况良好，目前上海宾通智能科技已经掌握十多项软件著作权、多项专利，并且在机器人智能控制行业形成一定的影响力；面向工业、制造业、物流行业，他的公司不忘初心，旨在引导行业新一轮的转型升级，并解决当下工业智能化改造的痛点——实施成本高、过于依赖人员能力、各环节之间协同能力差、系统过于割据独立、无法适应变化生产需求等问题，基于以上难点，宾通将带动制造型企业实现生产方式由手工化到自动化的转变、工艺模式由离散定制到订单导向的转变；未来龚超慧将作为公司的领导者以及产业的引导者，带领全体员工实现公司的愿景，引导行业实现产业的升级，创造更多的经济效益和更广的社会效益。

对机器人的热爱及未来

作为卡内基梅隆大学机器人学院的 Project Scientist 和 BITO Robotics 的创始人，龚超慧先后两次接受美国 CGTN America 的采访。采访中，龚超慧对机器人的研究和应用有着精准的理解，提出机器人会应用在更多领域，仿生机器人会加快从理论研究走向行业应用的步伐。

在工业机器人方面，龚超慧坚信国内的市场份额会快速增长，且随着机器人的普及和对行业发展转型的需求，大众对于人机互动和协作的能力要求也逐步提升，宾通的成立愿景就在于低成本普及机器人解决方案，带动行业生产力的提高，解放劳动力创造更高经济价值，建立高效、便捷、安全的世界。

除此以外，作为对仿生机器人——蛇形机器人研究的重要参与者之一，在接受福克斯新闻、路透社、《纽约时报》以及雅虎新闻等媒体网站采访时，龚超慧与其所在的团队从蛇形机器人研究的设想、理论、结构、应用场景等角度出发，阐述了项目的进展和未来应用方向，展示出龚超慧极其深厚的理论知识和对行业应用的专业分析能力。

在与外界的沟通中，龚超慧给出了他对机器人行业未来趋势的判断。

对于制造业/物流业未来的发展趋势，龚超慧提出了"三化融合"的概念，三化为自动化、智能化和数字化，将三者融合，打造一个智能化与自动化的闭环必将是智能制造、智能物流场景的典型特征。在实际场景应用中，所有模块、环节、设备、软硬件系统中全部的场景变化的信息和数据需实时通过信息化手段进行收集和更新，在信息和数据不断更新的基础上，实时优化生产决策，并将其有效快速地转换成控制指令对相应的设备发出，进行作用和实施，除此以外，在"三化融合"的基础上，打造了一个更具弹性和柔性的生产工厂或者车间的应用环境，更能快速和灵活地适应多变的生产方式和快速的市场发展要求，为客户提供丰富的、高品质的产品，实现双赢。

从学生时代对机器人产生兴趣走进哈工大，再到远赴大洋彼岸求学和创业，龚超慧始终保持着对机器人行业的敏感性。

在逐步走向未来的过程中，龚超慧也为自己的未来认真做了一些规划，他认为每一个阶段都有每一个阶段要完成的使命。当前在创业阶段，龚超慧认为眼前最重要的事情就是服务好 BITO 团队，塑造好 BITO 文化，让大家以成为 BITO 人而自豪，并和所有有共同理想和愿景的伙伴为了实现普及智能机器人解决方案这一长期目标而努力。在机器人解决方案的普及方面，龚超慧认为离不开两点：价格的降低和技术门槛的降低。重点在于带领 BITO 做好基础性的软件系统开发和性能优化，赋能各行各业，协助升级更多类型设备，未来会在更多样化的场景中让机器人变得更加高效、便捷和安全。

哈工大人在海外

刘天强
HAGONGDA REN ZAI HAIWAI

哈尔滨工业大学（威海）03级校友，毕业于计算机学院，后保送哈工大校本部读硕士，师从姚鸿勋教授。2009年硕士毕业后赴波士顿大学读博士。中途辍学创立计算机视觉公司 Orbeus，2015年公司被云计算巨头亚马逊收购，成为 Amazon Rekognition 的创始成员。2019年离职加入智能家居初创公司 Wyze，现任首席架构师，负责建立研发体系，以及云平台的重新架构和人工智能的研发。

纷繁往事

哈工大往事

时隔十年，至今刘天强还记得 2009 年离开哈工大校园、打点行装赴美留学的那个夏天，当年的他从未想到，原本一心向学、立志摘取人工智能领域学术桂冠的自己，最终会在美国弃学从商，投身业界弄潮，成为一个连环创业者。

2003 年，刘天强考入哈工大，就读于威海校区。报到那天，看着高大巍峨的校门，刚从福建边陲小镇来到威海的刘天强，默默地立志绝不虚度四年光阴。

彼时的哈工大（威海）尚在起步，科研基础薄弱，对于立志在科研领域有所建树的年轻人并不算是个完美的去处，对于刘天强来说，也是有些失望的。所以，最初刘天强在本科时并没有将全部重心放在学习上，而是将一部分精力放在了社团和勤工俭学上。

本科期间，刘天强创立了今日哈工大（威海）学子们所熟知的动漫协会，此外，还通过学习网页技术，在大二时赚到了人生中的第一个一万元。据刘天强回忆，勤工俭学赚的钱，除了学杂费等必要开销外，他将剩余的钱都用在了穷游上，行走的阅历让他乐观豁达，而旅行中遇到的各种状况，让他在变故中比平常人多了一些笃定和耐心。

刘天强在哈工大就读期间，哈工大（威海）的计算机学院也正经历着高速发展，刘天强入校时仅有一系六个班，到他毕业的时候，本系已衍生出信息安全专业，系里分出的师资甚至还单独成立了软件学院。科研实力因越来越多著名教授的加入逐渐增强，毕业生的去向也从2003年对各种出路的试探实验，到2007年逐渐在各个方向形成特定的模式甚至规模效应。

在大四的时候回想大一入校时的不甘，刘天强感慨个人成长的同时，也惊叹于亲眼见证一个名气不大的学院在资源匮乏的环境中求新求变、高速发展的过程。哈工大四年的学习生活，让刘天强培养出了独立思考、不盲目跟风的谋事风格，而母校的迅速成长，也给刘天强带来了一些启发，在未来的创业中，每每遇到低潮，他总会想到母校当年的样子，想到一路行走的艰辛和终点的掌声鲜花，释然，而后重新上路。

大四那年，刘天强被保送哈工大校本部的智能接口和人机交互研究中心（VILab）读硕士，师从姚鸿勋教授，自此一脚踏入了憧憬已久的科研领域，也同时也接触到了后来改变他命运的技术——计算机视觉和机器学习。

在VILab，刘天强正式开始了自己的研究生涯，同时也开始思考科技的未来走势。

当时的机器学习领域，神经网络还未大放异彩，支撑向量机（SVM）独领风骚，但在许多领域，准确率都未能达到大规模运用之标准。由于本科期间丰富的勤工俭学经历，刘天强出于本能开始思考这项未成熟的技术能否有产业化的可能，然而，经过漫长的思考，他给出了否定的答案，最重要的原因是他看不到基于线性的算法框架在数年内能够突破其自身局限的可能性。

随着科研的逐渐深入及对国外同行工作的了解，"出去看一看"逐渐成了他那个时期最希望达成的愿望。时值2008年次贷危机，北美各大高校面临科研经费锐减、招生减少的困境，在经历了艰难曲折的全奖申请后，刘天强拿到了波士顿大学的录取通知书，来到了古典与浪漫并存的海滨小城——波士顿。

波士顿往事

波士顿面积不大，却孕育了哈佛和麻省理工两所世界顶尖大学。

波士顿大学和麻省理工仅一桥之隔，哈佛也在河对岸不远的地方。常到河对岸走动，成了刘天强在波士顿三年最爱做的事情，除了能免费蹭课，徜徉于查尔斯河畔，一边慢跑一边思考也不失一种享受。河中疾驰的帆板，让岸上的人有一种冲出桎梏、乘风破浪的冲动。

2011年，专注科研的刘天强偶然注意到了发生在河对岸哈佛大学校园内的一个创业故事，从著名导演大卫·芬奇的电影《社交网络》中，受到了同龄人扎克伯格的鼓舞，也初步感受到了资本对产业的催化作用。对于剧中的扎克伯格辍学创业的故事，他在当时仅仅是觉得有趣，却未曾想到很快自己就步了后尘，半道弃学。

博士第二年，在逐渐意识到相比基础理论研究，自己对于技术的广泛使用有更大的兴趣后，刘天强决定放弃博士生涯投身业界。抱着尝试的心态，他拉着一帮同学用实验室报废的旧零件组装出一个由六台计算机构成的集群，上面跑着一个名叫Orbeus的网站，网站能够检测用户上传图片里的内容，例如检测人脸、判断照片摄于餐馆等。

相比今日已被广泛使用的计算机视觉服务，在2012年立志做到大

创业孵化期间在 TechStars

规模商用的视觉技术服务凤毛麟角。于是，Orbeus 杀进了麻省理工学院著名创业比赛"$100K"的半决赛，并很快引起了美国最著名的孵化器——Y Combinator 和 TechStars 的关注，成为第一家被北美顶级孵化器接收的华人创业公司。拿到了天使投资后，Orbeus 公司的全员，也从波士顿搬到了加州硅谷。

硅谷往事

创业之初的刘天强踌躇满志，幻想着将来 Orbeus 能够成为谷歌一样影响每个人日常生活的公司。他和创业团队住在湾区山景城的廉租房里，在网上淘破产的公司亟待处理的便宜服务器，并将这些服务器放在装了空调的车库里。拥挤的办公居住环境并没有动摇他的创业决心，倒是让他有了一种"合抱之木，起于毫末"的信念。

然而因为他和其他创始人对在美国运营公司所需的基础知识的缺失，Orbeus 在第一年顺遂以后，迎来了发展历程里的第一次危机：当时的 CEO 有了更好的选择，离开了公司，股权处置问题因开始的协议不全变得一地鸡毛，潜在的新员工因而犹豫，新投资人也开始观望，团队面临着资金链断裂和人员匮乏的困境，处于解散的边缘。

刘天强后来回忆道："当时公司仅剩三人，账面资金仅够三个月。"

在咬牙坚守的三个月中，刘天强数度想要放弃，但每每看到库房里的机器，想到改变世界的梦想，还是决定坚持下去。那期间，除了日常公司的经营，刘天强每天雷打不动地工作 12 个小时，早起晚睡补习了运营公司以及股权的相关知识，这也为最终寻求和解打下了基础。

最终刘天强的团队和前 CEO 在兼顾双方利益的基础上达成了和解。公司在经历了这次危机后，股份结构得到了合理的调整，在账面上只剩一个月运营资金时，获得了著名投资人徐小平旗下真格基金领投的投资。这次输血，把公司从死亡的边缘拉了回来，犹豫不决的旧部们一个个回到了公司，Orbeus 的发展逐渐进入了良性循环。

公司起起伏伏的几年间，人工智能学界也经历着天翻地覆的变化。始于 2012 年的 NIPS 会议上，神经网络界的名宿 Geoffrey Hinton 的弟子 Alex Krizhevsky 发明的 AlexNet 横空出世，把视觉物体识别的准确率拉高了 20 个百分点。至此，业界开始意识到视觉算法在某些应用领域大有可为。于是，谷歌、苹果、亚马逊等巨头纷纷瞄准了计算机视觉相关的创业公司，仅 2012 至 2016 年四年间，平均每个月在硅谷就有一到两个相关收购发生。

Orbeus 由于精准的算法和能够应对大规模并发流量的架构，在这次浪潮中，相继被谷歌、苹果、雅虎和亚马逊垂青，最终被亚马逊高价纳入麾下。

在和亚马逊的收购谈判中还发生了一段小插曲，在尽职调查的阶段，亚马逊以潜在的专利纠纷为由，试图把收购价砍半，然而却私下和刘天强及另一位 Orbeus 的创始人联系，承诺用入职后的股份补偿低收购价的损失，此举目的在于用相对低廉的成本将投资人的投入卖出，创始人和员工的利益却并无差别。

对于 Orbeus 董事会来说，这是个艰难的决定，如果贸然否决，进行了近半年的收购谈判可能功亏一篑，公司会元气大伤；而若同意，虽然收购能顺利进行，但最困难时支持公司的那些投资人却可能因此蒙受亏损。在反反复复斟酌了两周以后，刘天强和他的合伙人们最终决定驳回亚马逊的请求："豁出去了，如果不行的话我们也尽力了。一路上帮助过我们的人，我们没有理由伤害他们。"

当看着邮件发出去的一刹那，刘天强脑中一片空白，也许是无措，也许是释然。

值得庆幸的是，亚马逊最终同意了 Orbeus 维持原价的意见，知道结果后，刘天强长舒了一口气。大半年的谈判，以皆大欢喜的结局告终。也因为这次收购，Orbeus 公司全员从硅谷搬到了西雅图，总算是有惊无险地开启了下一个篇章。

回想这段经历，刘天强坦言："我们一直兢兢业业地提高我们的产品质量，服务于我们的客户，但最终有好的结局其实也要凭借一些运气。多年前我们出发的时候，仅仅抱着学以致用的朴素思想，但产业和学界瞬息万变，并非当日的我们所能完全预料。"

被收购以后的 Orbeus 团队合影，左二为刘天强

西雅图及当下

在亚马逊的三年，刘天强经历了公司的迅猛发展，也经历了自己的产品从零到一的发布过程，生活节奏逐渐慢了下来，有了更多的时间在闲暇时期看看书，接触一些创业阶段没时间深究的东西。

虽然不再创业，刘天强却仍保留了每年参加美国最大的消费电子展 CES 的习惯。在此期间，他注意到了智能家居和 IoT 领域，中国有小米和其生态链厂商，而美国却仍是一片荒芜之地，智能家居产品价格居高不下。

与此同时，为了更好地理解智能家居领域的痛点和难点，他发挥了 Orbeus 初创时期的动手精神：自己手工换掉了家里的几十个开关和插座，换掉了温控器、门铃、车库门控制器以及几十个灯泡，用一个成本不足 100 美元的小型电脑作为控制中枢，实现了家里大约 200 个电器设备的智能化。

由于对该领域逐渐深入的了解，他坚信未来居家环境智能化的趋势不可阻挡，而相比于中国一片红海的竞争，美国却看起来像是个十足的蓝海。怀抱着相同的理念，刘天强在走完了亚马逊三年半的旅程以后，选择了作为首席架构师加入高速发展的初创公司 Wyze，而 Wyze 的使命，正是在美国普及智能家居。

回首过去，刘天强坦言："虽然我也一直很努力勤勉，而且也不笨，但在许多关键的时候，天时地利却是真正的决定性因素。关键是遇到困难时，自己是否能够支撑到彩虹出来的时候而不放弃。"对于多年创业旅程中的起起伏伏，他笑言还记得当年踏入母校时那种绝望，以及离开时满满的感激，每当撑不下去时，脑中就是两幅画面的对比，他告诉自己一切都会过去，然后往往像做

亚马逊时期，加入及离职的时候

了一场梦一样，就真的过去了。

如今，刘天强仍怀抱着赤子之心，如多年前刚出发的时候一般充满斗志："对于未来，我用我最好的判断，做好自己的本分，然后等待。也许等待的结果不会来，我不后悔，因为有时候创业就像一场游戏，体验的往往是过程本身，至于结果是输是赢，已经不是那么重要了。"

哈工大人在海外 # 薛 婧
HAGONGDA REN ZAI HAIWAI

HARBIN INSTITUTE OF TECHNOLOGY

2003年就读于哈尔滨工业大学电子信息科学技术系，罗彻斯特大学研究生，曾担任英伟达、高通等公司的高级工程师。2016年成立DecorMatters公司并担任首席运营官（COO），负责产品研发、商务合作、市场营销等工作。

良好心态成就美好人生

2019年春节，薛婧回了趟哈尔滨。阔别十二年后，她第一次回到了曾经学习生活过的哈工大校园。北方的冬天一如既往的寒冷。熟悉的哈工大主楼还是像薛婧记忆中那样屹立在西大直街上，冬天的阳光打在大楼的暗色的墙上，让刺骨的冬日感觉多了一丝温暖。旧的三号公寓已经不在，原址上早已竖起了新的大楼。

薛婧想她的人生也许就像母校一样，虽然让人感觉变化非常缓慢，但当蓦然回首之时，会发现其实已经变成了另外一副模样。

为出国而努力

2003年，薛婧进入哈工大电子信息科学技术系求学。

当时，刚刚踏入大学校园的薛婧目标很单纯，就是在读完本科后继续念研究生，并没有将未来的目标定在"出国"上，当时的她甚至都不知道还有出国这条路可以选择。

直到有一次在寝室睡觉前的夜谈中，大家聊起了各自未来的计划，其中一位舍友提到了自己的目标是去美国念书。这个目标给了她新的思考：出国去看看，增长一些见识也不错。

于是，薛婧也将自己的目标确定为"出国读书"。

为了目标能够实现，薛婧确实足够努力，学习成绩也一直都很优秀。据她室友回忆，一次考试临近，同寝室的人要出去通宵突击自习时，却看到薛婧躺下正准备睡觉，就问她为什么考试从来不通宵还可以考得那么好。当时，"考前突击"的学习方式已经在新时代的大学生群体中风行开来，薛婧却从不在考前"临阵磨枪"，确实稍微显得有些另类。

但事实上，同学们都忽略了她每天早上很早起床出去背单词、无一日间断这件事。强大的自律能力，让薛婧养成了良好的学习习惯，每日熄灯就睡觉，早上六点半准时起床出门自习。她的成绩好多半源于她的自律。

学习对于为目标奋斗的薛婧来说很重要，但她也不想单纯做个书呆子。

在学习之余，薛婧参加了航天学院辩论队，大一大二期间，代表学院参加了多场辩论赛。辩论队里人才济济，大家就某个辩题唇枪舌剑让薛婧觉得很好玩。在辩论队的日子，令薛婧最难忘的是几个人上完课就泡在学院办公室里讨论、在图书馆里查资料、准备辩论材料的时光，那些时候往往忙到熄灯，然后回寝室后去寝室自习室里继续写作业。两年下来，辩论队的队友们也都成了亲密无间的朋友，虽然现在分布在世界的各个角落，仍然保持着紧密的联系。

除了参加辩论赛之外，薛婧还自学编程考了计算机二级，在看书的过程中，她就对计算机的架构产生了浓厚的兴趣，在专业课上体系结构的时候考了接近满分的成绩，这些也使得她以后选择了计算机体系结构作为自己的读博方向。

赴美读博

哈工大毕业后，薛婧如愿以偿，远赴美国深造，就读罗彻斯特大学。

罗彻斯特大学始建于1850年,是一所世界顶尖的私立研究型大学,新常春藤联盟之一,坐落于纽约州罗彻斯特市Genesee河边,这个小城曾经是东部工业的辉煌,诞生了柯达、Xerox等世界知名公司。学校中心的Wilson Commons的大楼就出自贝聿铭老先生之手,薛婧在这里度过了三年的时光。

提起在罗彻斯特大学留学的时光,薛婧依然记忆深刻。

刚开始的时候,薛婧遇到了许多的困难,包括大多数留学生都会碰到的语言问题。有件小事,让薛婧直到今天提到时,仍觉得尴尬又好笑。到罗彻斯特大学上课的第一天,一位罗马尼亚的小伙子问她:"How are you?"她想了半天,还是说出了"Fine, thank you. And you?",旁边来自北京的同学笑弯了腰,她也羞红了脸。

当时,薛婧读写论文也比别人慢半拍,她只能下笨功夫,花比别人更多的时间。为了更好地赶上学习进度,薛婧在罗彻斯特又过上了教室寝室两点一线的学习生活。做实验、采集数据、写论文,就是当时薛婧生活的全部。

读博第三年时,薛婧向导师申请暑假去实习,经过几轮面试之后,拿到了NVIDIA(英伟达)的录取通知。

实习几个月之后,薛婧意识到了在公司里和在实验室里做实验的差别,由于博士方向是和并行计算机之间的光通信有关,属于比较前沿的方向,商业化的可能性不大,再加上实习结束后,公司老板问她是否愿意留下做全职。她思考再三,觉得自己更适合在公司里工作,就和导师商量转成了硕士直接毕业。

就这样,她在硅谷开始了自己人生新的旅途。

辞职创业

在英伟达,薛婧工作了四年,四年间,她很快就升到了高级架构师,后

2010年英伟达部分实习生合照，右一为薛婧

来还带领了一个小团队，独立开发新一代产品的体系结构的模拟器。也正是在这期间，薛婧频繁接触到了创业的相关信息。

2014年，美国著名创业孵化器YCombinator和斯坦福联合开了一门课程叫"如何创业"，这门课程令薛婧大开眼界，以前的一些想法频繁浮现在脑中，让她忍不住想要开始自己做产品。不过身为一名工程师，对于产品、商业都没有足够的认知，这些成了她创业的最大障碍。

为了能够实现创业梦想，薛婧开始尝试学习更多工程以外的知识，还找到了伯克利商业学院的一门课程，去上了一个星期的产品课，尝试各种想法的实践，但总是苦于找不到合适的机会全职去做。直到2016年，她碰到了现在的两个合伙人，提起创业，三个人一拍即合，奔着家居市场广阔的前景以及VR和AR技术的成熟，成立了DecorMatters公司。原始的资金由另外两个合伙人的家族基金出资，公司顺利开张。

当然，创业的过程总是艰辛的，不可能一帆风顺。薛婧创业后，由于创始团队的经验有限，一切都要从零开始做起，比如怎么组建团队、怎么做产品、如何做市场、如何盈利等，都是实实在在摆在面前的难题，而且每一道难题都没有最优解，都需要团队一起全力以赴地以最快的速度成长，然后再去一一解决这些问题。

在坚持不下去的时候，薛婧会经常去看忠实用户给团队的留言鼓励，又会像被打了鸡血一样，继续奋斗。有时还会看到有些用户讲述自己的人生，当她的产品已经成了用户生活中不可或缺的一部分的时候，薛婧就会觉得自己的努力没有白费。如今，公司有了不错的收益，刚开始行业里还有几家同类的公司，但是现在她的公司经过几轮迭代，已经突出重围。拿到近千万美元的投资后，团队也从最初的3人扩大到近20人，成了行业中的佼佼者。

创业期间，薛婧感到很充实，每天都在学习新的东西。每当有人问自己创业和给别人打工有什么不同的时候，她总说，以前上班还要喝咖啡，现在每天早上起来，不知不觉就已经天黑了。是的，为自己喜欢的东西工作是一件愉快的事情。

工作和生活的标签

2007年，薛婧到美国之后，结识了益道基金的发起人，通过交流，她在思想上有了极大的改观，从而决定成为基金的一名志愿者，希望能够让中国山区的贫困小朋友和普通家庭的小朋友一样上学和生活。薛婧成为志愿者后，他们先后帮助了云南、贵州等几所小学修建学校和图书馆，还给孩子们买了鞋子、雨伞等生活用品，给家里特别贫困的小朋友发放奖学金等。这几年，

团队万圣节活动合照，右一为薛婧

随着国内经济的进步，各个乡村的小学也都发生了很多的变化。薛婧他们看着资助的学校慢慢变好，心里也特别高兴。

帮助别的孩子多年后，薛婧也有了自己的孩子，如今，薛婧已经是一个三岁孩子的母亲，创业期间生宝宝，被旁人问到最多的话就是：如何平衡工作和生活？

薛婧听到这个问题，总会分享她以前听到的最好的一个建议：没有什么平衡。当你不把工作和生活当作敌对的两者去看待的时候，也就不存在什么平衡了。或者换种说法就是，兵来将挡，水来土掩。哪个着急就先解决哪个，把一天当中自己要做的事情做一个优先级排序，先解决那些棘手的。

在创业、照顾家庭的忙碌之余，薛婧又捡起了因为生孩子而停下来的舞蹈，重回舞台的她对于舞蹈又有了不一样的理解，也比以前更享受这个属于自己的放松时刻。

自律求学、果断进入工业界、辞职创业、在创业期间生了一个宝宝、成为益道慈善基金的志愿者，这些标签在外人看来，薛婧的人生可谓一番风顺，但其实在看不到的地方充满了坎坷与磨难。只是在她看来，良好的心态和乐观积极的处事态度才是人生的正确打开方式。

多年后，回首过去，薛婧的经历也好像冬日阳光下的校园，景色和十几年前似乎相同，但又似乎变成了另外一副模样。

2019年初重回哈尔滨

2／加拿大篇

宋纪平

哈工大人在海外　HAGONGDA REN ZAI HAIWAI

HARBIN INSTITUTE OF TECHNOLOGY

  宋纪平，1984年在哈尔滨工业大学微电机专业毕业，在哈尔滨拖拉机配件厂做技术员。1988年在黑龙江省机械厅进出口公司任部门经理。1993年在哈尔滨开发区工业公司任高管、总经理。1999年在加拿大国际教育发展中心任董事。2010年在加拿大环球教育集团任董事长、总裁。

"理工男"的教育集团

2019年2月,中国农历新年过后,加拿大多伦多和中国冰城哈尔滨一样,冰天雪地,银装素裹。在多伦多皮尔逊国际机场的候机大厅,宋纪平端着杯咖啡,眉头微蹙,正在浏览此次回国一个月内所要走访的城市、学校和机构……

类似这样的公务旅行,宋纪平每年都会安排一两次,每次都是满满的行程和满满的收获。作为中加教育行业的先行者和加拿大最大华裔教育集团的董事长,将北美先进的教育带给国人,同时也将祖国宝贵的物质文化遗产传扬给海外华人华侨,已经成了他肩负的使命。

与教育结缘

22年前的冬天,同样是一个中国农历新年的前后,宋纪平辞去了在中国某机构高管的职务,和妻子一起带着8岁大的儿子空降到了加拿大第一大城市多伦多,带着满怀的迷茫和对未知生活的憧憬,同时也带着对那种不确定的未来的恐惧和坚信自己可以战胜任何困难的勇气,在这个和哈尔滨一样寒冷的城市落下了脚。

"现在回想起当初的勇气,我都觉得有些不可思议。"回想起22年前的那次抉择,宋纪平的描述依然带有很大的不确定性。"趁着自己还年轻,我想去更大的世界闯一闯。我坚信,有能力的人到哪里都会有所作为。"宋纪平说,

"步子迈多大，自己世界的半径就有多大。这是我在哈尔滨工业大学求学期间辅导员王铁成老师给我最大的鼓励和鞭策。"

在哈尔滨工业大学的4年求学生涯，不仅给予了宋纪平丰富的专业知识，还对他正在形成的人生观、价值观产生了重要的影响。"就在我反复犹豫是否要放弃国内的体面工作和优厚待遇，踏出国门闯荡一番的时候，是老师的话语最终激发了我的勇气；也同样是在我出国后遇到挫折和困难的时候，在哈工大求学期间学校所教导我们的'自强不息，持之以恒，开拓奋进'的精神一直在鼓舞着我。"宋纪平回忆说。

落地多伦多后，为了在新的城市找到归属感，同时也为了找到一个新的事业坐标和养活全家人的"饭碗"，他马不停蹄地结交各个行业的朋友，多方寻求事业的方向和适合自己的机会。

一个偶然的机会，一个不经意间参加的讲座，为他找到了这个契机。1998年初，依然是漫天的大雪，他在一个讲座中结识了犹太人 Irwin Diamond 先生，获知 Diamond 先生开办的高中正将招生的目标锁定中国；在当时以公立留学且是大学及研究生留学为主流的中国，鲜少有人关注到个人出国留学以及中学留学的需求和出口。敏锐的宋纪平决定以此为突破口，开拓出一条属于自己的康庄大道。

契机摆在面前，但需要迎接挑战的勇气和专业的知识以及强大的解决问题的能力来应对。宋纪平在短短三天时间内，用自己有限的英语水平查阅了大量的有关加拿大教育体制、留学、移民的一系列政策以及这些政策的历史延续。带着这些背景知识，宋纪平大胆地用不太流利的英文和 Diamond 先生充分讨论这个项目的操作和实施，并就中国的情况以及国人当时的思想观念与留学诉求和 Diamond 先生进行交流。

带着尝试一下的心态，宋纪平托朋友在哈尔滨的一家报纸刊登了一个留学推介会的广告,然后带着一箱宣传手册立即回到中国,回到自己的老家哈尔滨……

拥挤的人群、热情的询问令宋纪平始料不及,没有想到竟然有这么多人对出国留学抱有如此之大的热情,原定下午1点到4点的推介会,一直延续到了晚上10点。从加拿大带回的宣传手册被一抢而空,有关留学生活、大学留学

环球国际高中开幕典礼

和多大招生办主任合影

项目和移民的更多的问题被抛了出来，急需回答。

虽然忙碌，虽然业务上有巨大压力，但展现在宋纪平眼前的火爆场面令人鼓舞。正是这样的一幅场景，坚定了宋纪平的选择，也让他至今回味起来依然十分兴奋。

理工男的命运转折

之所以在从事教育行业之初感受到了如此大的压力和挑战，其实是因为彼时的宋纪平虽然对这个行业有很大的热情，但因为并非科班出身，在专业和经验方面有很大欠缺。

宋纪平是个正宗的"理工男"。1980年，18岁的宋纪平高中毕业后，成为哈尔滨工业大学电气工程系微电机专业的学生。在那个"加强国防现代化建设""军民结合，攻克尖端科学技术"为主导思想的年代，"学习科技知识，加强国防建设"是宋纪平选择哈工大的主要原因。18岁的宋纪平的梦想是成为一名光荣的国防科技工作者。

随着改革开放的提出和推进，为适应科教兴国的战略需要，哈工大把"为国防建设服务"的主导思想逐步转变到"国家的现代化建设"上来。在哈工大求学的这四年，也让宋纪平的眼界和胸怀不断开阔。

除了花费大量时间学好专业知识，努力应对那些枯燥又繁冗的理工科目的严格教学要求，让自己学到一身真本领，宋纪平还对当时社会上悄然发生的变化产生了浓厚的兴趣，改革开放、市场经济这些新生事物令他感到兴奋。

在校园里，他会积极参与一些社会经济热点问题的讨论，并通过阅读大量理论性的著作，逐渐形成了自己的观点和见解；在和老师、同学的公开讨论中，锻炼了表达观点的能力和敏锐的思维反应……这样的校园生活也许从一开始就孕育了日后的命运转折。

和他的同学一样，1984 年大学毕业后，宋纪平进入一家哈尔滨的国有企业，做了"科技含量很高"的技术员。1986 年，他参与了中国第一批风力发电机的研制和出国培训。在这个岗位上，他一干就是四年。而这四年中，除了把自己所学到的理论知识应用到实际工作中，宋纪平开始认识到，仅仅做好工业零件，做好工业流水线上的一颗螺丝钉，并不是他所有的抱负和归属。

改革、效率、新见解、新思路……这些词语在他的的脑海中不断翻涌。1988 年，是宋纪平从"技术员"变为"干部"的一个转折。从普通科员到企业高管，宋纪平用八年时间步入了事业上的一个巅峰。

在这个过程中，一方面是在哈工大求学期间逐步培养成的"独立思考、理性思维"在引导着他；另一方面，就是作为哈工大"理工男""规格严格，功夫到家"的信条一直鞭策着他。

"哈工大在历史上采用俄式办学思路，在教学上有着严格要求的传统。这种严格不仅体现在对学生的教学要求上，还体现在培养的功夫一定到家。这一点对我的影响非常深。"宋纪平说，"无论是求学期间，还是在工作中，乃至后来作为管理层，我都是这样要求自己，也是这样要求下属的，只有这种精益求精的工匠精神，才能带来精益求精的作品和工作成果。也只有准确高效的执行效果，才能保障那些具有创新观念的架构得以实现。"

做中加教育的使者

放弃了国内的事业巅峰来到加拿大，虽然是个冒险的选择。但 Diamond 先生给宋纪平提供的契机让他如获至宝，他立志在加拿大重新开始，并要到达另一个巅峰。

Diamond 先生的高中项目经过宋纪平在哈尔滨的运作，当年就有二十几位学生顺利来到了加拿大。而这顺利的背后却是辛苦的付出——为他们介绍加拿大的教育，介绍加拿大的学校，为他们办理加拿大的学习签证，安排求学期间的衣食住行，甚至在后来学生毕业后申请大学、申请奖学金，乃至再后来申请研究生、找工作等等一系列的服务，他们都全程跟踪，也在这些服务中了解了大量资料中查找不到的解决问题的方法和新的需求、新的机会。

逐渐地，根据业务需要，宋纪平结识了更多加拿大安大略省公立高中、大学、大专的朋友，他以真诚、善良、勤奋而果敢的办事风格，得到了这些朋友的认可和赞赏，在他事业上需要帮助的时候，这些来自加拿大本土的专业人士会伸出援手，也会在遇到新的合作契机时，主动想到来自中国的 Mr.Song。

作为环球教育集团的前身，宋纪平在加拿大创立的国际教育发展研究中心每年能为上千名来自中国的学子找到在加拿大的理想院校。这些学生中，有一部分学成回国后，把在加拿大的所学所感带回中国；也有一些学生从此在加拿大落地生根，并在日后的工作中为宋纪平筹划教育帝国的理想添砖加瓦。

2010年，宋纪平将中国本土最大的英语培训品牌之一——环球雅思引入加拿大，这也是环球雅思品牌登陆美国纳斯达克从而进入北美市场的首要之举。从多伦多的第一间英语培训学校，到温哥华、温尼伯等城市，横跨加拿大东西海岸，从单纯的英语考试培训，到与多所大学联合建立英语桥梁课程项目，从成立经加拿大安大略省政府承认的高级中学，到为广大留学生申请加拿大著名大学和研究生，为广大加拿大本地学生申请美国常春藤名校，宋纪平用短短八年时间缔造了一个教育帝国的雏形，而这样的成绩俨然成为加拿大华裔教育行业的翘楚。

鉴于宋纪平在加拿大教育培训领域的卓越贡献，世界知名大学——多伦多大学于2015年9月设立了以宋纪平名字命名的奖学金：J. P. SONG Scholarship for Excellence in ESL Learning（多伦多大学宋纪平奖学金），用于表彰在英语学习方面取得优异成绩的广大留学生。这也是多伦多大学历史上首次以华人名字命名的奖学金。

与此同时，宋纪平还担任了多项社会职务。他是加拿大环球爱心教育基金会董事长，也是加拿大中国留学生协会的荣誉会长。

如今，在海外闯荡22年的宋纪平，在把加拿大丰富的教育资源输送给中国同胞的同时，也关注到海外华侨华人的子女对祖国文化的传承。他和中国一些省份的侨联侨办一起联手，在加拿大的华人群体中推动"中华儿女寻根之旅"的夏令营活动，让中华儿女无论身在何处，都能够感受并继承祖国博大精深的物质文化遗产，不忘祖先的传统美德，将中华文化发扬光大。

"教育不仅可以改变一个人的一生，也能够改变一代人甚至一个国家的未来。"宋纪平回首自己的选择时说，"我受益于教育，受益于教育对我的改变，我也想把这样的改变带给更多的人。"作为一个教育帝国的缔造者，宋纪平依然觉得任重而道远。

在位于多伦多的加拿大环球教育集团总部的董事长办公室里，座椅背后是中加两国的国旗，而墙上则挂满了这个教育集团一路走来所得到的嘉奖和勋章，以及被中加两国政府所给予的肯定。

"做优质的教育是我的人生理想，也是所有教育工作者肩负的重任。让更多的国人从教育中受益是激励我一直迎难而上，并能够持之以恒的最大动力。"

2018年11月环球教育在多伦多大学举办多伦多大学"宋纪平奖学金"获得者联谊活动

王 铸

哈工大人在海外　HAGONGDA REN ZAI HAIWAI

HARBIN
INSTITUTE
OF TECHNOLOGY

　　王铸于1980—1984年就读于哈尔滨工业大学金属材料于工艺系，主修铸造专业。1984—1986年，任职于原航天工业部066基地；1986—1998年，任职于中国船舶工业总公司471厂；1998—1999年，任职于中国船舶总公司武汉分公司。1999年移民加拿大；1999—2014年，先后供职于不同的政府机构和大型跨国集团。目前定居加拿大多伦多，2013年后从事房地产开发和销售，2016年成立加拿大枫叶地产集团。

马不扬鞭自奋蹄

王铸在中国船舶工业总公司471厂时，曾经分别担任工程师和高级工程师，分管螺旋桨厂技术、生产和经营的厂长等领导等职务，主持大型工程项目的设计和生产，为国家有关部门的定点开发生产的产品提供技术支持和生产保障。在保证国家定点项目的同时，他还带领同事们不断寻求企业的全面发展，与其他有关的机构和组织合作，积极开发新的项目。其中包括军用和民用舰船、桥梁的制造和配套，还代表企业与湖北美术学院合作，为著名的武汉市东湖风景区的磨山制作了大型铸铜雕像——凤雕。耸立在东湖磨山之巅的凤雕，现在已经成为东湖风景区的著名景点之一。

1999年，在移民加拿大后，王铸改变了工作的专业方向。经过刻苦学习，克服重重障碍，他先后考取了"计算机网络"系统管理和网络安全方面的多项专业证书，2001年成为计算机网络安全的专家。王铸先后受聘于美国的跨国公司、加拿大汽车保险公司、多伦多证券公司、安大略省约克郡警察局、安大略省卫生厅等政府机构以及执法部门，多年从事网络系统的安全工作。

一直以来，王铸不满足现状，不断地学习新的知识和追求新的发展。他于2013年开始了他的二次职业选择，毅然决然地投入地产行业并且迅速组建了自己的工作团队。王铸在进入地产行业后，面对完全陌生的行业和市

王铸在约克郡警察局工作时的照片

场,发奋努力,不畏困难,勇于挑战,在多伦多的地产行业中,取得了一定的成绩:他的团队荣获 2015 年度 RE/MAX Master's Choice 团队销售冠军;王铸个人分别荣获加中地产投资总商会 2014 年度顶尖经纪,2015 年 RE/MAX Master, Choice 主席大奖,2015 年 RE/MAX Master's Choice Realty 销售总冠军,2016 年全加拿大 RE/MAX 前 100 名的顶尖经纪。

  2016 年,王铸成立了自己的地产公司——枫叶地产集团。枫叶地产集团拥有全方位的地产投资服务,业务范围涉及民宅买卖自住或投资、商业铺位买卖租赁、农场买卖和土地翻建等。枫叶地产集团还与各大开发商保持广泛和良好的关系与合作,寻求各种开发投资项目,以全面满足客户的不同需求。王铸和他的同事们一起,精诚合作,以优质专业的服务、认真负责的态度、对房地产市场充分的了解、对地产发展趋势的准确把握和细致的分析判断，针对客户的具体需求开展工作，满足客户的要求。枫叶地产集团的业务已经拓展到了美国和加拿大的其他省份，在激烈的市场竞争中不断发展壮大。

王铸荣获北美最大的地产公司RE/MAX加中置业2015年销售总冠军

王铸与他的团队在枫叶地产集团2019年年会上

王铸与团队的团建活动

王铸作为枫叶地产集团的总裁，在发展公司业务的同时，也非常关心社区的成长，注重对社区的回馈，与社区保持紧密的联系。他积极参与社区举办的各类文化体育活动，热心地为促进社区健康发展提供大力支持与帮助。其中，王铸作为哈工大加拿大校友会的理事，于2018年和2019年，连续两年冠名赞助了在加拿大多伦多举行，由哈工大加拿大校友会主办的丁香杯高校室内排球比赛，为大赛的成功举办保驾护航。

开篇

第二届由枫叶地产冠名赞助的丁香杯排球赛，正在加拿大安大略省的万锦市宽敞明亮的泛美体育馆内举行。参加比赛的队伍来自四面八方，中国各个高校的校友会积极报名参与。身在海外打拼多年的王铸站在球场边，看着在场上奔跑跳跃、努力拼搏的来自高校校友会的运动员们的激烈角逐，听着此起彼伏的欢呼呐喊声，感受着比赛的既紧张又热烈的气氛，他的心情难以平静，思绪不由得飘回大学时代，回忆起了在哈尔滨工业大学度过的青春岁月。

一、结缘冰城

多年以后，王铸仍然清楚地记得，1980年的那个秋天，他背起行囊，告别父母，离开家乡，从江城武汉到美丽的冰城哈尔滨求学。

因为当年的高考报名体制的缘故，王铸在高考后选择学校与专业时，经历了一点波折，最后选定了千里之外的著名学府哈尔滨工业大学。那时的王铸还是一个懵懂单纯的少年，刚刚高中毕业，对人生和事业并没有太多的想法，只是对即将开始的大学生活充满好奇与期待。

据王铸后来回忆：哈尔滨的冬天，冰天雪地，松花江上千里冰封，来自

王铸在枫叶地产第一届丁香杯高校室内排球赛的新闻发布会上

南方的他，没能抵挡住北国的严寒冰霜，生病住进了学校的医院。令他最为难忘的是，在他住院治疗期间，不仅受到学校医院医生和护士们的细心照顾，还得到了同学们和老师们的热心帮助，使得他没有因为生病住院而耽误学习，更没有为此而延误学业。

王铸的毕业论文指导老师是贾均老师，他不仅指导了王铸如何做好论文，而且多次亲自陪同他一起去实习单位做实验，不嫌麻烦，不辞辛苦。最后在毕业之时，王铸的毕业论文取得了比较好的成绩，而这个结果也离不开贾均老师的帮助。

王铸说，虽然远离家乡和亲人，但是他一点也不孤单，身处哈工大这个温暖的大集体，有许多的人在关心和帮助着他。这份温暖一直陪伴着他，激励着他。毕业以后，无论走向何方，身在何处，他从来没有忘记自己曾经是母校哈工大的一名学生。

大学四年一晃而过。在教室、实验室和食堂之间奔走、上课、考试、做实验，王铸和同学们一起度过的一千多个难忘的日日夜夜，成为王铸对那段求学生涯的美好回忆。

二、移民加国

随着中国的改革开放的不断深入与发展,人们有了更多选择的机会。王铸也想走出国门,看看外面的世界。1999年,王铸携妻带子,再次告别父母,移民来到了枫叶之国加拿大。

移民初期,王铸和大多数的新移民一样,也经历了一段时间的痛苦挣扎,因为在这个陌生的国度,人生的一切都要从零开始。

安大略湖的湖水湛蓝清澈,多伦多的电视塔"CN TOWN"高耸入云;市中心繁华的街道上车水马龙,所有的一切都是新鲜的。可是这些景色对于初来乍到、前景渺茫的王铸来说,丝毫不能提起他一丝兴致,因为生活工作还没有着落,他完全没有心情去领略和欣赏美景。

王铸在枫叶地产加拿大第二届丁香杯排球赛上

为了能够提高英语技能,王铸又重新背起书包,和孩子一起学英语;为了寻找工作,他拿着新买的地图,孤身一人站在远离市区的高速公路边,学外国电影里的人,竖起右手的大拇指求搭顺风车;为了申请一份工厂的磨具打磨工职位,王铸和几百名新移民一起在雪地里顶着零下二十多摄氏度的严寒,排队领表……当有的雇主问王铸有没有加拿大工作经验时,他竟无言以对,找工作的信心降到了最低点,用王铸回忆中的话语来说就是"心里比漫天飞舞的雪花还要冰冷"。

王铸和全国铸造协会副理事长、哈工大博士生导师贾均教授在一起

这一年,多伦多的狂风暴雪比任何时候都更加冷酷无情,王铸也感觉人生仿佛回到起点。不同的是他不再青春年少,还背负着家庭的重任。于是,王铸暗下决心,接受人生新的挑战,相信自己一定可以克服困难,改变这种生活状况。接着,王铸用了很短的时间,考取了电脑相关的专业证书,并且重返校园,学习电脑专业知识。

经过一番不懈的艰苦努力,王铸终于找到了一份电脑专业工作和有了相对不错的收入,生活这才慢慢地稳定下来,一切都向着好的方向发展。

三、转辗职场

王铸说,他在加拿大二十年的工作经历,也并不是一帆风顺的。他先后经历了几次失业再就业的过程。有一句话是这样说的:"如果没有被失业过,就不能说自己在北美生活过。"

王铸曾经在美国和加拿大的一家跨国公司工作，出国前，他在国内是材料科学专业的高级工程师。出国后，经过不断的努力和学习，他通过了严格的考试，取得了有关网络安全的不同级别的专业证书，成功地转行成为信息工程网络安全的专家，先后就职于多伦多证券交易中心、司法机构和安大略省政府的医疗健康部门等不同的机构，辗转于美国和加拿大不同的公司。

因为工作需要，王铸曾经每个星期在美国和加拿大之间穿梭，也曾经连续几天几夜作战，在极短的时间内完成了大型公司的数据库及网络中心的迁移项目。其间，王铸还主持了多次跨国公司的网络合并与重组。每一次公司合并，网络安全都是首先要考虑的问题。作为项目的负责人，王铸不但要统筹全局，兼顾各个部门的需要，还需要具备良好的沟通能力和积极的合作精神。正因如此，王铸也从工作中也得到了很大的锻炼和提高。

王铸与美国波士顿 MERGE 公司的同事在一起

王铸在枫叶地产2019年年会上与团队合影

在北美上班工作的日子，一周五天，朝九晚五，按部就班。周末假日，约上朋友，或驱车远足、湖边垂钓，或草地烧烤、举杯同欢……生活也算安逸，波澜不惊。然而，几次的失业再就业的经历，迫使王铸不得不思考，是否这就是他想要过的生活？他的职业生涯还能有其他的选择吗？

四、人生再出发

机缘巧合之下，王铸开始涉足房地产市场。

很快王铸明白了什么才是自己想要做的事情，转身投入了波澜壮阔的房地产行业。他喜欢挑战、不怕吃苦、肯努力、做事认真、任劳任怨，也善于和他人合作。这些良好的品质让王铸在房地产行业从业不久就取得了很好的成绩，先后荣获了：2014年度加中地产商会顶尖经纪，2015年度加中置业销售总冠军，2016年度RE/MAX全加拿大前100名顶尖经纪。

此外，王铸还组建了自己的团队，和他优秀的伙伴们一起努力，共同发展。2016年的金秋十月，枫叶地产集团应运而生。枫叶地产集团成立以后，王铸的工作更忙碌了，事情千头万绪需要理顺，新的工作让他感觉肩上的担子和责任更重了。王铸说，幸好他有一群值得信赖和依靠的朋友，俗话说得好，一个好汉三个帮，在朋友们的支持和帮助下，王铸在竞争日趋激烈的市场中，与枫叶地产集团一起成长了起来。

王铸在服务客户与社区的同时，也成就了自己。枫叶地产集团的团队从开始的几个人到今天的上百人，年度销售额度逐年不断增长。他的团队还取得了地产代理Baker集团楼花销售连续五年冠军，Milborne集团销售顶尖经纪，Lanterra地产开放商顶尖经纪等荣誉称号。枫叶地产集团也在不断进取中迈进了多伦多地产公司的前列。

马不扬鞭自奋蹄，哈工大的校训一直是王铸的座右铭，这个座右铭会

王铸与团队荣获BAKER集团2017年度新楼花销售冠军

伴着王铸继续努力,一如既往地认真工作和生活。回首来时的路,王铸感慨万千,借用一首歌里的歌词来表达了他的心情:

我一路看过千山和万水,我的脚踏过天南和地北
…… ……
如果还有梦就追,
至少不会遗憾后悔!

哈工大人在海外　侯　明

HAGONGDA REN ZAI HAIWAI

HARBIN INSTITUTE OF TECHNOLOGY

　　1985年考入哈尔滨工业大学金属材料与工艺系（九系）85951班焊接工艺与设备专业。1989年至1991年任九系87931（铸造专业）班班主任及87级辅导员。1991年起师从吴林教授从事遥控焊接机器人的研究，并于1994年获得工学硕士学位后开始攻读博士学位。于1995年出国深造，并于2003年在加拿大多伦多大学获得人机工程博士学位。曾于2005年作为特约访问科学家做客美国麻省理工大学（MIT）。

　　作为加拿大军事科学家（院士），侯明目前担任加拿大国家人机系统智囊库自动化、机器人、远程在线首席科学顾问，人工智能科学与技术战略规划军事委员会人机工程首席科学家，国际技术合作组织人机系统空间委员会加拿大代表团首席代表，无人机系统人机工程国际标准委员会共同主席，国际电子与电器工程师学会(IEEE)人机系统人机工程大会共同主席，加拿大多伦多大学兼职教授，以及哈工大加拿大校友会名誉会长。

青春峥嵘工大稠
游子泉报母校恩

有人说：青春是一首诗，它是那么的美好。美好的青春不应只是体现在一个人的年龄这样的自然规律上，而更重要的是体现在一个人的思想上、精神上、追求上、作风上、学习上、工作上、奉献上。人的青春只有一次，在这段不可复制的旅途中我们每个人都会有独一无二的记忆，不管它是迷茫的、孤独的、不安的，还是欢腾的、炽热的、理想的，它都是最闪亮的日子。侯明对闪亮青春的美好记忆就是从他在 1985 年入学哈工大以后在母校的 10 年意气风发、绚烂多姿、努力奋斗的岁月开始的。在 20 世纪 80 年代改革开放之初的中国，正处于一个放飞自我与诗情迸发的年代，一个开放包容、朝气蓬勃、充满情怀的年代。在那个觉醒的年代里，人们充满希望、富有理想、饱含热情、拥抱一切，一片久违的欣欣向荣。在那个珍贵的如梦如幻的年代里，人们虽不完美，也不富裕，但很丰满，内心富足；虽然清贫，但气质不凡。那个年代的高校学生，可以用年轻、单纯、真诚、有理想、有激情来形容。侯明正是在那样的一个时代背景下，在母校哈工大度过了他永生难忘的10年璀璨的青春岁月，母校除了给予他诸多学科广博的知识和培育了他对不同领域新兴事物的广泛兴趣外，还激励了他助人为乐、服务他人及社会的志向，铸造了他百折不挠、不向困难低头的钢铁般的意志，练就他了理、工、管各学科坚实的理论基础和善于理论结合实践的硬功夫，培养了他规格严格、做事一丝不苟、精益求精的"工匠精神"，以及砥砺奋进、永不言败的拼搏精神。每当回忆起在母校哈工大度过的那些激情燃烧的岁月，以及在母校培养的优秀的个人品质对他以后人生道路的深远而积极的影响甚至因此对社会做出的贡献，侯明就会从心底里萌发出一种由衷的对母校培育之恩的感激之情。

一、铸魂励志，练就吃苦耐劳、奋发向上的真功夫，塑造一丝不苟、精益求精的"工匠"精神

1. 在本科求学阶段对校训"规格严格，功夫到家"的感受

哈工大一直有着良好的学风，1985年入学的侯明当时与其他同学一样非常珍惜在母校的学习机会，安下心来，刻苦学习。大家每天都是宿舍、食堂、教室或自习室三点一线，下了课或吃完饭就去图书馆或自习室占座位，再一直学习到晚上10点熄灯为止。有几件事情侯明记忆犹新：

（1）刚上大学的第一学期就有比较抽象难懂的"高等数学"科目，为了学好这门基础课，在父母的支持下他在当时就花费了100多元相当于两个月的伙食费买了全套的基米诺维奇的《高等数学习题集》，几千道题，一道一道题地演练，在期末考试时终于取得了优秀的成绩，大大增强了他学习抽象逻辑和理论科目的自信心。同时他对新鲜的编程课特别感兴趣，并通过努力夺得了"FORTRAN"编程竞赛一等奖。

（2）本科三年级"焊接结构"专业课的期末考试，专业课老师采取了

20世纪50年代苏联模式的口头答辩形式，要求每个学生进入考场后，自己在一个大盘子里的上百道测试题中随机抽取三道试题，题目是事先写好了叠在纸里看不见的，学生拿到题后，在没有任何书本和笔记的情况下要凭借对整个课程的理解和记忆准备15～30分钟，然后在事先准备好的笔和白纸上准备答辩提纲，再到主考老师那里一对一地答辩。这样的考试方式不仅要求学生们通过对整个课程的全面理解和掌握才有可能取得好成绩，而且在很大程度上避免了学生为应付考试盲目押题而产生的对知识的片面理解和掌握。这样的教学考试模式正是母校坚守"规格严格，功夫到家"的一个具体体现。学生们在这种严格的要求下，学到的是真功夫，而不仅仅是为了考试取得好成绩。而在这种"求真求实"的学习氛围熏陶下，在这种精益求精的"工匠精神"的感召下，学生们就会练就一身硬功夫和求真务实的作风，在今后的学习、工作、事业及人生道路上受益良多。

（3）学校提供了各种实习的机会，从理论到实践培养学生的动手能力，练就了哈工大功夫。一年级在学校技工厂进行两到四周的金工实习，要求每个同学做一个小锤子头，同学们要在有经验的师傅们的指导下学会使用各种工具和部分工艺，把一块毛坯经过车、铣、刨、钳、磨各个阶段，用自己的双手用心打造成最后的成品。这样的一个过程，不仅让学生们第一次感性地了解冷加工的各个工种和工艺，而且成为哈工大培养这些未来的工程师的良好开端，而那个值得纪念的小小的锤子头就成为很多同学在职业生涯里设计制造的第一件作品，也成为他们对母校哈工大的美好记忆之一。而三年级的专业课实习和生产实习，同学们在哈尔滨三大动力的锅炉厂、电机厂、汽轮机厂，以及在大连的造船厂、齿轮厂、机车车辆厂深入地了解到专业理论知识是怎样在第一线的生产实际中被应用的，理解了课堂里的知识是怎样被用来解决生产中一个一个的具体问题的，从在生产第一线的工程师们那里学到了在书本里和课堂上学不到的东西,这些"书变厚再变薄"的过程不仅促进了学生们感性认识到理性知识的再升华,也为未来这些工程师在自己的工作岗位上解决生产实际问题提供了大量的参考案例和解决方案。

（4）侯明校友本科毕业设计的题目是点焊机的自动控制系统。为了解生产需要和现有使用设备,他先后去哈尔滨机车厂、长春第一汽车厂调研,回来后自己学习在单板机上编程,自己设计电路图和电路板,送出去加工做好后自己拿回来再进行软硬件调试等等,因此他学习了更多课堂里没学到的应用知识,锻炼了实际动手能力。为了完成硕士论文课题,他要设计一个机器人的关节传感器,用来测量自制的机器人手臂上肘关节的转动,从而遥控远方的焊接机器人手臂的焊接角度。当时他也是自己找到合适的光电二极管,在机床上加工出合适尺寸的机械转盘,设计好相应的控制电路,把编好的程序"烧"到单片机上,还要与机器人手臂连接,在电脑上编程,联机实验,各个环节翻来覆去地进行了几十次、上百次的改进和实验,直到零部件和整机达到了预期要求。整个课题实验设计过程,与其说是一个反反复复的设计、加工、编程、软硬件集成、实验、再设计、加工、集成、再实验的过程,不如说它是一个培养工程师和设计人员的耐心,以及不怕失败、砥砺奋进的良好心态的过程,而这些经历造就了哈工大的学子们在未来、在不同的环境下所具有的吃苦耐劳、坚忍不拔、不达目的决不罢休的毅力和工作作风。同时塑造了这些学子一丝不苟、精益求精的"工匠精神"。

2. 培养了未来科学家对新兴事物的好奇和探索精神

在侯明入学的20世纪80年代中期,中国是一个思想自由奔放、五彩斑斓、百花争艳的年代。思想、科学、文学、艺术、影视、音乐、娱乐、体育等等,各个领域生机勃勃、海纳百川、包罗万象。整个教育界有着良好的学术氛围和开明精神，同学们抓住大好时机如饥似渴地读书学习。当时绝大多数同学都会在晚上自习室关门回到宿舍洗漱后，又各自阅读自己感兴趣的各类书籍。侯明记得他所在的宿舍里八个同学有读关于美国现代史的《光荣与梦想》的，有准备TOFEL/GRE的，有读软件编程的，有读中国解放战争史的，也有读诗和小说的，大家时不时交流和切磋，宿舍统一熄灯后还有很多人在走廊里继续读书。侯明喜欢看杂书，尤其对历史、哲学、宗教和其他自然科学的相互之间的关系之类的书籍特别感兴趣，他读了很多类似于赵鑫珊先生所著的《科学·艺术·哲学断想》这样的具有启蒙意义的人文读物，以及像尼采、叔本华、萨特、康德等近代西方哲学家的著作，马克思、弗洛伊德、爱因斯坦、华盛顿、毛泽东、周恩来、鲁迅等人物的传记，还有卡耐基《人性的弱点》等系列丛书，对有关人类的起源（人从哪里来？）、人类社会本身、人在自然界的位置、人类命运（人要到哪里去？）等内容的书籍。同时侯明也参加了像国画和篆刻以及气功等中国传统文化的各个兴趣班来丰富和体验不同的中华文化精髓。作为校短跑队的运动员，他还要参加一周三次的专业训练。要读这么多课外书和参加这么多活动，同时还要兼顾专业的必修课程，很多人都觉得时间不够用（更没有时间谈恋爱）。侯明也是一样，他为此还专门找到一本介绍苏联时间管理大师柳比歇夫的传记《奇特的一生》来取经，并应用这位在诸多领域取得了惊人成就的科学家的"时间统计法"记录下每一天都用多少时间做了些什么，一周一小结，一个月一次大总结，尝试着怎么能更有效率地利用时间。这种学生们以自发的方式、自主选择的形式对自己好奇和感兴趣的专业课程以外的知识与技能的学习和交流过程，不仅仅增加了学生们的专业以外的知识，了解和探索了有关世界、国家、历史、哲学、文学、艺术、人文、人类社会，以及其他自然科学等众多领域，更重要的是拓宽了学生们的视野，培养了他们从不同的角度、不同的层次、不同的观念来思考、认识、分析、理解和判断事务的能力，以及自我管理时间的能力。这些能力的培养对这些哈工大学子走上今后的工作岗位和人生道路起到了非常大的甚至是关键性的促进作用。侯明根据自己多年来代表一个国家在不同的国际组织里与不同背景、不同语言、不同文化、不同思维习惯的人一起和谐工作的经历对此有着深刻的感触，也衷心地感谢母校哈工大对自己在诸多知识和能力上的培养，尤其是对新事物好奇心的促进、科学素质的培养、和探索科学精神的启蒙，奠定了他以后成为所在的学术领域的国际权威科学家的基础。

3. 运动场上培养出的砥砺奋进、永不言败的拼搏精神

有着体育特长的侯明在高中阶段就曾经作为校队的第一棒接力选手代表母校哈一中参加每年一度的哈尔滨市环城接力赛，并且在1984年哈尔滨市中学生运动会上夺得男子110米栏的金牌。入学哈工大进入短跑队后，他每周参加至少三次的体能、爆发力和跨栏技术的训练。临近各种比赛时更是每天傍晚时都要到体育场训练。因为年龄小、体能差，除平时努力训练外，为备战省和全国大学生运动会，他更是利用暑假时间在炎炎烈日下刻苦训练，锻炼自己的意志。因为当时的运动场还是土道，跑道上被钉子鞋踩出很多坑，他从跨步上栏到从栏上跨下而踩入坑中摔倒或是撞到栏上是常有的事，脚上、腿上、身上经常受伤流血。直到今天他的左膝盖还留有当年留下的创伤，一遇阴天下雨或屈膝到某一角度，膝盖就会痛得不敢动。

侯明当时凭着顽强拼搏的精神和不怕吃苦的坚忍不拔的毅力，即使脚上腿上有伤，打上封闭针仍然参加了很多比赛。尤其让他刻骨铭心的一次是在1988年的哈工大夏季运动会上，当时是两个常年的竞争劲旅——金属材料及工艺（九）系和电气工程及其自动化（六）系在运动会的第二天角逐男子团体冠军。因为九系女同学少的先天不足，只能连续拿了九年男子

团体冠军，这次是卫冕战，如若拿到，就是十连冠。而对六系来说，已经拿到了女子团体冠军，如果也能拿到男子团体冠军，就会拿到男女团体总冠军。所以两个系的运动员们都憋足了劲，使出浑身解数，座无虚席的哈工大体育场上近万名观众都在观看着这一年一度的体育盛况——六、九系争霸赛，因为它不仅会成为比赛过后很长一段时间甚至直到下一年学生和老师们的谈资，更是牵动了很多运动员、教练员、啦啦队员们的心。在运动会的第二天的最后一项比赛男子 4×400 米接力开始时，九系男子总分落后于六系 2.5 分，形势十分不利。而第一棒接力结束时六系是处于第二的位置，九系是处于第四的位置，形势对九系更加不利。侯明当时是跑第二棒，但是他已经在第一天跑了 110 米栏和 4×100 米接力，第二天下午又刚刚跑完了 400 米栏，已经很累了。在那样紧张的情况下对他来说是临危受命，他不但没有犹豫和放弃，而且在从跑第一棒的队友手里接过接力棒时，就紧跟了上去，并且运用常年培养的技巧，开始并不着急赶超前边的 3 个人，而是调整呼吸节奏和步伐频率，节省体力，在离终点 150 米处开始加速，当跑到离终点 100 米时，九系在此处的大本营的啦啦队开始敲锣打鼓不停地喊着"侯明！侯明！侯明！"为他加油助威，而这时体育场上上万双眼睛也紧紧地盯着这个突然加速的处在第四名的运动员，侯明听到自己的名字被召唤着，不知哪来了那么多力量，在离终点 80 米处超过了第三名，并且朝着第二名的六系运动员奔去，而处于第二名的六系运动员也是奋力向前，进行最后的冲刺。这时候，锣鼓声伴着"侯明！侯明！侯明！"的喊声更密集，声音更大，几乎震耳欲聋，在这样的赛场氛围里，侯明的四肢已经跑得失去了知觉，只是挺着胸仰着头往前冲，他完全是用精神在跑，终于在离终点 40 米左右的地方又超过了处于第二名的六系运动员跟跟跄跄地在终点处把接力棒交给了跑第三棒的队友，最后九系一直保持了第二名，六系为第三名。因为接力赛是按双分计算,所以最后九系以1.5分的微弱优势卫冕了男子团体冠军,夺得了十连冠。4×400米的接力赛刚刚结束,九系主管学生工作的张炳奎书记紧紧地握住了侯明的手激动地说:"侯明,你立功了!"

今天,时间已经过去三十多年了,可是当时的情景对于侯明来说仍然历历在目,这种在运动会上两强相争的经历,虽是那么的激烈,却又是那么的甜蜜,又是那么的荡气回肠,更是刻骨铭心、终生难忘!它培养的不仅仅是集体主义、顽强拼搏、永不言败的精神,更重要的是让人对于超出

(a) 冲刺一

(b) 冲刺二

(c) 四枚金牌获得者

(d)《哈工大报》当年报道的校运会花絮(左一为侯明正在跨栏)

侯明在母校哈工大运动会上参加比赛的部分记录

体能之外的精神力量有了更加深刻的认识，精神力量有时会把人从体能所不能达到的层次提升到一个更高更快更强的境界，尤其有时在困难面前或紧急时刻，精神力量会对人起到意想不到的积极效果。这一点在侯明刚刚到海外学习时应对所处的艰苦环境和面对的诸多挑战中得到了更多的验证，所以他特别感恩母校对他在这些方面的培养和提供的锻炼机会，使他能够有意志、有毅力、有耐心在精神力量的鼓舞下克服重重困难，在艰苦的环境下取得一个又一个的胜利，尤其是在不同时期的国际舞台上向世界同行展现一个当代华人应有的风采。上页的几张照片是侯明在母校的运动会上跨栏、冲刺和获奖的一些记录，及当时校刊对跨栏比赛的报道。

在大学本科的四年时间里，侯明不仅严格要求自己，作为班长和学生会干部，他带领其他干部们团结所有的同学在德智体美劳各方面一起努力，不叫一个人掉队。尤其是他待人真诚、无私奉献的品格得到了所有同学的肯定，每一次班级不记名投票选举三好学生，他总是在全班得票最多的那一个，并连续4年被评为三好学生。毕业时，他又被评为全校不多、全班唯一的优秀大学毕业生。鉴于他优秀的学习成绩和各个方面的突出表现，他在被保送攻读硕士研究生的同时，被学校选拔成为辅导员而得到进一步的培养和锻炼。

二、培养真诚助人的工作作风、无私奉献的优秀品质

1. 以真诚待人的态度和为人服务的宗旨实现从学生到教师的角色转换

侯明在1989年7月作为一个刚刚毕业的21岁的年轻教师，就承担了大学三年级（87级）辅导员和班主任（87931）的重任，面对全年级255个有血有肉有个性的灵魂，有不少学生甚至比他的年龄还大，他面对的挑战是不言而喻的。作为同龄人侯明理解很多同学良好的初衷和愿望，懂得生命是一种回声，只有做到"换位思考、换位做人、换位做事"才能将心

比心、换得真心。他以真心助人的诚意、聆听理解别人的善意和支持引导的能力，积极正面、潜移默化地管理学生。无论是铲冰雪、搬秋菜、打扫卫生的义务劳动，还是各种球类比赛及运动会、文艺会演，或是在大连与焊接专业的学生们，在长春一汽与热处理、铸造和锻压专业学生们的毕业实习过程中，他都与学生们吃、住、行、学、玩在一起，成为与学生们一起"摸爬滚打"的好朋友，得到了他们的理解、接受和尊重。除了对学生们在生活上和学习上的关心及帮助外，他还注重与学生们在思想上的交流，经常与学生们谈论有关历史、人文、哲学的话题，谈谈人生，说说理想。他坦诚地把自己对马克思、弗洛伊德、爱因斯坦这三个近代以来对人类社会有着深远影响的杰出的犹太人生平的研究成果，近5万字的研究心得以讲课的方式无私地分享给自己的学生们。这些分享包括了马克思揭示的我们的这个人与人之间交互的人类社会，及他对人类社会发展规律、政治和经济规律的反省；到弗洛伊德对我们人类自身本我在心理和精神层面的深刻认识，以及这些看不见摸不着的人类心理层面的东西对我们日常生活和行为、生理及心理的影响；到爱因斯坦在提高人类对时间、空间、质量和能量认识的开创性贡献，及这些认识对人类探索微观和宇宙宏观世界的深远影响。他还启发性地与学生们探讨了看待世界的不同方式和维度，当代人在时间的纵轴上与前辈们相比处在和平安宁的历史条件下，在空间的横轴上处在一个开放的国际环境里，怎样认识自己、社会、国家、民族、世界、历史、文化、文明、哲学、科学、技术，以及怎样生存、生活，抓住机遇和迎接挑战，什么是当代人的责任和使命，怎样不辜负历史赋予这一代人的机遇，给自己创造一个有意义的人生，又怎样在有温饱的基础上培养艺术、陶冶情操、享受诗和远方的精神文化家园，甚至达到因为自己的付出而使别人快乐的在灵魂上的自我实现，等等。

在此期间，他还兼任九系学生体育运动队的教练，平时经常与运动员们在学校运动场上一起训练。尤其是在每次临近校运动会前，每天的清晨和傍晚，都能看到他在运动场上和他的运动员们一起训练备战的身影。九系的女同学历来很少，但由于他和全体运动员的努力，九系在1990年和1991年的两届校运动会上却夺得了男女团体总冠军。侯明忘不掉在江北的庆功会上与他的同龄的运动员们欢呼雀跃的情景，深刻理解和体会了什么叫"青春万岁"！

他的真诚、朴实、实干、助人的工作作风赢得了学校和学生的一致认可，在短短的两年工作期间被评为哈工大"十大优秀学生工作者标兵"之一，学校还出版专辑报道了他的事迹。由于他在作为班主任和辅导员的两年工作中带给同学们正面积极的影响，很多学生毕业时对他这个同龄老师依依不舍，更有学生给他写下了这样的临别留言："侯明老师：匆匆之中，两年转眼就过去了，在这即将离别之际……我只想最后对您说：遇到您做辅导员真好，假使这样的时光能够继续下去更好……然而时光从不肯停留。侯明老师，回首走过的路，您是否相信这样一句话：在世间，有些人，有些事，有些时刻，似乎都有一种特定的安排。我对您的记忆就是从一种特定的时刻开始的。那时我处于最苦闷、最无助的阶段，是您除对我在许多具体方面有过具体帮助外，还给了我一种精神动力和支撑，无形的东西是默默的，然而有时却更有力量。侯明老师，您是我人生旅途中，对我影响最大的极少数人之一。"

侯明一位学生的毕业留言

侯明的这段学生工作经历，历练了他愿意理解别人、善于聆听别人、乐于帮助别人和努力真诚待人的品格，也让他进一步地思索和认识到：人存在的一个重要价值就是能帮助到别人。这些与人相处的能力和乐于助人的品质对于侯明今后在不同的国家、不同的国际组织和机构，及不同的工作岗位上与有着不同语言、不同文化、不同习惯、不同背景、不同的思维方式的同事们的成功合作起到了至关重要的作用。毕竟，我们的社会是人的社会，而人是有思想有情感的。以真诚之心对待身边的每一个人是侯明在母校培养的良好的处事习惯和优秀的工作作风及品德之一。

2. 无私奉献，为广大同学服务

在完成班主任和辅导员工作的两年后，侯明在攻读硕士研究生期间不仅自己的各门课程保持了优秀的成绩，还作为九系研究生干部负责人，带领本系全体研究生同学一起刻苦学习、努力攻关，不仅把专业课程学好、课题做好，还尽量在不同的学术期刊上发表各类论文，同时不忘在各种文体活动中起带头作用。侯明还利用业余时间创造发明了"工业气体自动混合仪"，而且还以此技术获得了一项中国实用新型专利，这样的成就在当时的研究生中并不多见。由于这个集体在各项活动中的突出表现，九系研究生干部群体作为全校唯一的学生干部群体在1992—1993学年被评为哈工大十大先进干部群体之一，侯明也被评为"三好学生标兵"。后来，他又被任命为哈工大校研究生总会常务副主席，在全校范围内组织领导了更多丰富多彩的校园文化活动，为更多的同学服务。1993年，哈工大学生工作处得到了当时总部设在美国威斯康星州立大学的中国海外学生学者联合会推荐中国优秀大学生的邀请，侯明因为在德智体各个方面取得的突出成绩，得到了吴林教授、黄文虎教授和雷廷权教授这些在各自领域的国际学术权威的肯定和支持，三位教授各自写了推荐信，使侯明成为哈工大全校唯一的全国优秀大学生候选人,被推荐给了中国海外学生学者联合会。侯明深知这些荣誉的取得离不开自己的努力,更离不开同学和老师们的支持与帮助,要不忘初衷,努力服务大家、服务社会。在读博士的第一年里,就在他已经准备好出国手续,临行前的一个月左右也不忘为广大博士生同学服务。在当时,侯明有感于一些科技人才生活艰难,甚至英年早逝,尤其经常看到一些三四十岁的博士生穿着破旧的衣服辛苦地在计算机房边演算程序边带着几岁的孩子,有人还经常熬到深夜,他很同情这些国家未来的栋梁之材。于是他主动联系了几位博士生并作为代表之一,发起、主持并起草了给学校领导的公开信反映情况,在第六宿舍顶层的大自习室里向广大博士生宣读,并征得了几十位博士生的同意和签名,后又作为博士生代表与学生处交涉、与学校领导开对话会等,从而促使学校落实了教育部直接发放给博士生每月的100元钱的生活补助费,这对当时很多拖家带口的博士生的日常生活帮助很大。虽然侯明当时因为要马上出国,知道自己并不会得到一分钱的补助,甚至因为自己出头露面而让一些人不满意,但能够积极反映学生们的意见和建议,促进学生们和学校的沟通,并且能使博士生们每月的生活宽裕一些,即使得罪个别人侯明也自愿挺身而出、无所畏惧,这件事的成功和能实实在在地帮助到别人也使侯明在心理上得到了很大的慰藉。

　　雨果曾经说:谁虚度了年华,青春就将褪色。是的,青春是用来奋斗的,不是用来挥霍的。只有这样,当有一天我们回首来时路,和那个站在最绚烂的骄阳下曾经的青春的自己告别的时候,我们才可能说:谢谢你,再见……回首在母校哈工大10年的学习、工作、生活,侯明自豪地认为他在母校哈工大的青春是闪亮的、是绚烂的、是多姿多彩的、是骄傲的,青春万岁!他在母校能够安心学习、磨炼意志、吃苦耐劳,自己拆被子、洗衣服、床单、被罩,洗好后再缝上,在大连生产实习期间住在放假的小学校里，和同学们把桌椅板凳拼成床，夏天里忍受蚊虫的叮咬，这都是再平常不过的事情了。在母校学到的广博的知识，包括材料、冶金、机械制造、自动控制、软件工程、物理化学、电子电器、光敏传感、光电子器件，集成电路单片机、单板机，集成电路的设计，机器人、远程感知和控制等等，都使他奠定了诸多坚实的工程学科的理论基础，掌握了综合实际应用技能，也帮助他很好地进行了众多知识上的储备。这些有益的积累为侯明以后在多伦多大学的进一步博士课题的攻关以及在工作岗位上更广泛的科学研究起到非常积极的作用。除了这些知识的积累，在母校对诸多体能的锻炼，各种技能和坚忍不拔的毅力的培养，工匠精神和拼搏精神的塑造，以及真诚待人和乐于助人的优秀品质及高尚情操的陶冶，都为他以后在不同的国际环境中的打拼打下了坚实的基础并成为成功的保障。那时的侯明已经蓄势待发，就待扬帆起航、闯荡世界。

三、衣带渐宽终不悔，为伊消得人憔悴；宝剑锋从磨砺出，梅花香自苦寒来

1. 在多伦多大学艰苦而有益的求学经历

侯明于 1997 年开始在加拿大多伦多大学攻读人机工程专业的博士学位。当时作为新兴的比较边缘的交叉学科的"人机工程学"并不为人们广泛认知，它的英文名称是 Ergonomics（在欧洲的通称）。Ergonomics 是由两个希腊词根组成的。"ergo"的意思是"出力、工作"，"nomics"表示"规律、法则"的意思，因此，Ergonomics 的含义也就是"人工作的规律"，也就是说，这门学科是研究人在工作过程中合理地、适度地劳动和用力的规律问题。所以国内开始把它叫作"工效学"。直到后来，随着人们在工作过程中所使用的工具越来越自动化和智能化，尤其是在第二次世界大战后在设计和使用高度复杂的军事装备中，人们逐步认识到必须把人和机器作为一个整体，在系统设计中必须考虑人的因素，在这个科学发展的高级阶段，Human Factors 在北美就应运而生了。国内有人把它叫作"人体（类）工程学"或直译成"人的因素"，直到现在为统一名称叫它"人机工程学"或"人机学"。人机工程背后的理论比较艰深和繁杂，应用也几乎包含了人们生产、生活中所使用的各种工具，这些工具可以是桌椅板凳、手机电脑、计算机操作系统、自动控制系统（如无人驾驶）、虚拟现实（Virtual Reality ,VR）、增强现实（Augmented Reality ,AR）、人工智能，也可以是核电站、化工厂、航天飞机、太空站，以及天上飞的、地上跑的、水里游的机器人，等等。人机工程基本上是把人-机-环境系统作为研究的基本对象，运用心理学、生理学、社会学及其他有关学科的知识和方法认识问题的实质，为解决工程实际问题提供科学的指导方案，它根据人和机器的各自特点，取长补短，合理地分配人和机器承担的人机整体系统的任务，并使两者相互适应，从而为人创造出安全和舒适的工作环境，使工作效率达到最优的一门综合性学科。"人机工程学"的目的是在科学和工程之间搭建一座桥梁，使人们设计使用的工具或系统首先要安全，其次要有功效，然后要有效率。因为无论是谁先发明的任何一项技术，或谁的技术最先进都不会是最终的胜利者，而只有谁的技术最安全和有效，才是最好的技术，这才是王道！

即使是今天，对于中国和全世界的很多人来说这个学科也还是新鲜的，20多年前对于只有理工科背景的侯明来说，由于从来没涉猎过这类学科，学习相关的知识成为他攻读博士学位的一个巨大挑战。当时在他所选的博士课程中，有几门基础必修课是心理学系的课程，他听了几堂课根本听不懂，对于很多名词术语，即使查字典能知道字面的意思，就像我们对于

Ergonomics 和 Human Factors 在字面上的翻译一样，对于其背后引申的含义根本不了解，也就无从理解它们在前后文章的背景中更为隐深的意义了，就像一个初学汉语的外国人接触了成语，只能认识字面意思而不理解成语背后的典故一样，根本不懂这些文字在那个语言环境里或当时的场景里具体的真正含义。通过与心理学系教授的交流，侯明了解到，学习这些博士生课程需要有很多本科及硕士前期课程的知识，而哈工大当初根本没有心理学学科，他以前对心理学的知识也涉猎不多。怎么办？要么退却，要么迎头赶上。在侯明的字典里没有"退却"这个词，他在哈工大的课堂上、运动场上和工作中培养的那种勇于吃苦耐劳、永不言败的拼搏精神让他选择了迎难而上。于是侯明从心理学本科、硕士相关专业的基础课程学起，由于语言、文化、专业上的差异，想真正弄懂一些专业术语及其背后要阐明的意义并不是只靠读书就可以理解的。为此，侯明不仅花费了大量的时间"补课"，而且也向很多当地的老师和同学请教讨论，甚至坚持去参加心理学系每周一次的国际心理学前沿的讨论和分享午餐会。由于多伦多大学的心理学专业一直领导着国际相关领域的研究方向，经常有国际知名心理学家来讲课交流，侯明有机会了解和学习到了当时可以说是国际最前沿的心理学的相关知识，他从一开始的懵懵懂懂，到一知半解，再到能对有些相关题目有所了解并提出一些问题，有了自己的看法，更有了一些自信，直到他能够理解心理学相关领域的知识并能在他的博士课题研究中熟练地运用这些方法，这真是一段艰辛的心路历程。

当时，除了要修读博士课程外，侯明还要既做助研在实验室里参与学术课题和工业项目的研发，又要做助教的工作，带本科生们上课做实验，这时他发现在母校哈工大培养的各种技能，如机械设计、计算机集成电路设计、软件编程这些实际动手的知识和技能等都派上了用场，除本专业外，在他成为国际机器人领域权威之一的 Andrew Goldenberg 教授的助教及带领学生在相关课程中做实验、答疑、批改报告和考试试卷的过程中，这些在母校培养的扎实的硬功夫让他在工作中得心应手、游刃有余、自信满满。这些扎实的基本功也对他的博士课题工作产生了不可或缺的影响。侯明的博士导师 Paul Milgram 教授是混合现实 (Mixed Reality，MR) 之父，他首次在 20 世纪 90 年代初提出了混合现实 (MR) 的理念及相关理论，并对它所涉及的虚拟现实 (VR)、增强现实 (AR)、增强的虚拟性 (augmented virtuality，AV)，及现实世界 (Reality) 的相互之间的关系以及各自的实质内涵进行了科学探索、阐述和总结，这为人类在这些不同的视觉环境下的认知奠定了理论基础，同时增加了人类对这些事物和相关技术的本质的认识，以及对其在各个领域的广泛应用起到了巨大的推动作用。今天无论是风靡世界的宠物小精灵 (Pokemon) 手机游戏还是微软电脑操作系统 Windows Mixed Reality Portal 都是在这些技术知识的认识和积累之上的产物，国际学术界也因此以他的姓氏命名了现实和虚拟世界的连续统一体 (Milgram Continuum)。虽然 Paul 在国际上有着很高的学术地位，这个典型的加拿大人对人还真是没有一点架子并以诚相待，当侯明初到多伦多时，他便驱车到车站去接，并帮助侯明从车后备箱拿出一个沉重的书箱并一直扛在肩上，从街角送到侯明租住的房间里，并风趣地开玩笑道："这里边有什么宝贝，这么沉？"当然，侯明也经常帮助这个只隔着两趟街住着的邻居。1999 年下了一场暴风雪，多伦多市长甚至请来了军队帮助城市除雪。侯明路过这个邻居家，看见 Paul 家的车道上都是厚厚的积雪，Paul 的妻子带着两个年幼的女儿，因为 Paul 不在家没人铲雪出不了门，正在着急。在冰雪之城哈尔滨长大常年铲雪除冰已成习惯的侯明，马上帮忙在一两个小时内铲除了车道上的积雪，Paul 的妻子非常感谢他。有了这样的"交情"，侯明本以为 Paul 可以帮他定一下博士课题，但 Paul 说："那是你自己的博士课题，不是我的，你自己定(That's your thesis, not mine!)。"对于这样的拒绝，侯明当时感觉很不是滋味，因为在哈工大时，无论是本科还是硕士课题，都是指导老师帮助学生指定，很多时候是根据老师或课题组所承担的课题方向而定，课题要对科研经费负责。但最终侯明还是理解了国外与国内教育体制的不同，虽然课题也要对经费来源负责，但毕竟学费是自己交的，自己的事情不能依靠任何人，即使指导老师可以给一些建议，决定也是要自己做。这个直观的例子告诉他，自己的事情要自己独立负责，没有任何人可以依靠。于是，侯明花了大概一年半的时间，阅读了大量的资料，才最终确定了博士课题：人在三维增强现实空间的认知，三维数据的可视化及其应用。为了准备课题实验，要进行实验设备的设计制造和调试，其中硬件主要包括固定和调节两台CCD彩色摄像机的工作转台、三维图像采集的标定校准仪，及实验靶台，软件包括对三维立体图像的处理、集成、标定、标注，像素距离与现实坐标系的转换，三维虚拟测量尺的标定与转换，等等。虽然现在有些相关的技术已经很成熟甚至商品化了，可在20多年前，从课题思想、验证步骤、确定课题、实验方法、手段，到系统软件和硬件的集成、实验数据的采集和分析等等，什么都要自己去思考、设计、开发和改进，有时为了找寻一个程序错误，哪怕是忘记一个标点符号，都要花几十或上百个小时像大海捞针一样在上百万行的代码里寻找。就这样，侯明用大概两年半的时间才把实验装置开发好，开始了他的第一个实验，以后每年经过博士指导委员会审查通过，他又修改、设计、研发，做了两年的实验才可以开始撰写论文。

  回想起在多伦多大学攻读博士学位5年半的经历，侯明感慨万千。刚开始的一年半里，繁重的学业压得他几乎喘不过气来，除了每周日骑着自行车去学校附近的唐人街买菜以外，每天几乎就是从住处到学校的两点一线。早晨8点多到学校上课，一直到忙到下半夜三四点才回到租住的小房间，只有4个小时左右的睡眠时间。由于在国内养成了简朴的生活习惯，他当时只是租住了一个老旧的半独立屋的一个几平方米的客厅，小得只能摆下一张单人床和一个小书桌及一把小椅子，洗漱做饭要弯腰低头到经常有老鼠和蟑螂出没的地下室，还要与同住一个房子不同楼层的其他租客共用。在刚搬进住屋时，为除去常年的霉味，侯明自己买来油漆，把小屋粉刷一新，又把霉烂的地毯扒掉，把小桌子和小椅子里里外外擦干净。不久又在附近街道上捡来了别人家扔掉的旧床垫和支撑床的床盒子，把原来的一躺下就陷一个坑的破旧床垫换掉。每周末，炖一锅便宜的鸡腿或红烧肉，焖一锅米饭，每天舀一勺肉或两三个鸡腿就着两勺饭，及不用烹饪洗洗干净就可以吃的青椒、黄瓜、西红柿、生菜，就是他的午饭和晚餐了。有时候半夜回来晚了，为不惊动同住一个房子的其他租客，他就吃点冰箱里的剩饭或喝点凉牛奶，有时实在没有可吃的东西，就饿着肚子睡觉。当时单身的他是一个人吃饱了全家不饿，每天脑子里想的全都是学业和功课，节假日别人都去玩或庆祝了，多数时间他都泡在举世闻名的多伦多大学Robarts图书馆里。可由于长时间得不到好好休息，学业的重担把这个昔日的体育"棒子"压倒了，侯明累得经常干咳和干呕，只要一饿或一渴，一多说话，吃凉的或热的食物或一闻到不寻常的气味，他就干咳或干呕，尤其冬天早晨他骑单车去学校，围住鼻子和嘴巴的围巾一旦被风刮开，凉气吸进，他就会开始咳嗽并把早晨吃的东西全部呕出来。没办法，侯明校友只好去唐人街看中医，才明白是伤了身，需要补"气"。于是侯明每天喝着自己用党参、北芪和淮山熬的药汤坚持学习，直到一两年后，学业压力小了很多，他的病情也有了好转，停喝了中药汤，但是他从此落下病根。回想起当时的情景，侯明想起了当初在北京新东方学校听俞敏洪描述的"衣带渐宽终不悔，为伊消得人憔悴"的境界。也正像他在体育竞技中取得的一枚枚金牌，不也是无数次在运动场上的汗水甚至血水中拼搏出来的吗？！

　　基于侯明乐于助人、与人为善和甚至愿意主持正义"打抱不平"的天性，以及他过去在母校哈工大培养的心系社会和勇于担当的优秀品质，他并不是一个"两耳不闻窗外事，一心只读圣贤书"，只注重学习的书呆子。在繁重的学业之余，他还参与了大量的社会活动，包括本专业的兴趣小组、系里的学生会，参与组织4所在多伦多附近的加拿大和美国大学本专业一年一度的学术交流周，作为学生代表对本系的研究生课程设置的年度审核，作为系里研究生垒球队的成员参加学校一年一度的校际比赛，以及帮助导师组织每一年度的国际会议等等。最难忘的一次大型活动是在1998年参与组织了在多伦多市中心举行的反对印度尼西亚迫害华侨的全市大游行，他不仅参与策划和起草了向印尼政府的抗议书，还在游行时走在队伍的最前列向印尼政府驻多伦多领事馆递交了抗议书，要求印尼政府立即阻止这一令人发指的迫害当地华人华侨的类似于二战期间德国纳粹对于犹太人灭绝人性的暴行，并严惩凶手，在对这些暴徒进行公开公正的审判的同时，向华人华侨道歉赔偿，还给华人华侨一个公道。当时，他是多么希望全世界华人的祖籍国能够强大起来，有能力立即出面阻止这一惨无人道的反人类的暴行，并派出人员拯救出在印尼受苦受难的众多华人华侨呀！

　　2. 宝剑锋从磨砺出，梅花香自苦寒来

　　有耕耘就有收获，经过一段时间的艰苦努力和辛勤付出，侯明凭着优秀的学习成绩和各个方面良好的表现，在1998年和1999年连续两年获得了由加拿大国家自然科学和工程研究理事会（Natural Science and Engineering Research Council，NSERC）颁发的博士生奖学金，由于这个国家级奖学金评比的公正、公平及严格，每年在全国只有极少数申请者可以得到，所以被获奖的学生们视为终生荣誉，而且各个大学都会提出优惠待遇竞相争取这十几个为数不多的获奖人到自己的大学进行博士研究，形成了"抢人"的局面。当时为了留住这些获奖英才，多伦多大学要求各个院系自己再给这些获奖者提供额外的"顶级"（top-up）奖学金。当时，由于侯明既有助教和助研奖学金，又有这个 NSERC 奖学金，再加上本系发放的"顶级"奖学金，一时间收入倍增，他的博士导师 Paul 曾戏言"你是我们实验室从来没有过的最富有的学生"。侯明为此还要向政府缴纳一笔不菲的收入所得税。以后每一年侯明都因为出色的表现获得了学校和安大略省不同等级的奖学金，有一次因为不可以同时拿到两份奖学金，他还不得不退掉一个。总之，平时的吃苦和努力终于有了些收获。英文有一个习语：Don't work hard, but work smart. 意思是说，不要傻干，要巧干。可侯明不仅能够吃苦耐劳，而且擅于观察动脑，找到问题的实质。这一点体现在了他博士课题方向的选择上，对在三维 MR 空间里新出现的人类感知现象及其背后的机理的发现，这些发现不仅拓宽了人类对在这类环境下的事物的认知，相应的发现也有广泛的实际应用前景。

虽然这期间侯明博士课题研究的广度和深度与他在母校哈工大做硕士课题的情况不可同日而语，但他能坐住板凳，依靠早年在母校哈工大培养的广博的基础知识和功夫到家的动手能力，以及砥砺奋进的毅力和努力拼搏的精神迎接了各种挑战，可以说是有备而来。当他的博士答辩委员会的外籍评委之一，虚拟现实（VR）认知领域的国际权威，美国宇航局（NASA）的 Stephen Ellis 博士看到了侯明博士课题实验所用的三维虚拟测量尺的标定仪时，对其精湛的机械工艺设计和高精度的计量误差赞不绝口："This is incredible！" 其实这只是侯明秉承母校哈工大"规格严格，功夫到家"的校训，做事一丝不苟、精益求精的"工匠精神"的一个具体体现。他的博士论文的独创性和新颖性也得到了侯明博士论文导师的导师，国际人机工程领域的三位先驱之一 John Sanders 教授，以及国际著名的自动化、远程遥控领域的大师，美国麻省理工大学（MIT）Thomas Sheridan 教授的浓厚兴趣。当时两位近 80 岁高龄的学界泰斗亲自戴上三维 AR 眼镜，与侯明肩并肩坐在一起探索他搭建的三维混合现实世界里虚拟物体与真实物体的交互临场感觉，并对其中的真实物体用三维虚拟尺进行了测量，与他一起探讨了可能的理论问题和实际应用前景，并推荐了相关领域的国际权威科学家进行进一步交流和讨论。侯明的这项研究也激起了加拿大宇航局的浓厚兴趣，当时多伦多大学的校友（现任加拿大总督）、加拿大首席宇航员 Julie Payette 女士作为第一位加拿大人，在她 1999 年刚刚执行完太空装配任务回来不久，就来到了多伦多大学坐在侯明的试验台旁，戴上三维 AR 眼镜，根

侯明（右一）与加拿大前首席宇航员、现任总督 Julie Payette（右三）等在多伦多大学实验室合影

据她在太空中实现了人类第一次将航天飞机（发现号 Discovery）与国际太空站手动对接的经历，与侯明探讨了怎样把他的博士研究发现和成果应用到太空中宇航员行走、装配等任务的规划和培训中去。得到了这些学术和应用领域的世界顶级权威的认同和鼓励，侯明受到了极大的鼓舞，也增强了对博士课题研究的信心。

与侯明的博士课题相关的实际应用也得到了工业界的广泛认可。1998 年，侯明与他的导师和同学在一次加拿大科技创新大会上成功地演示了从温哥华通过互联网在当时 10 秒左右的时间延迟下，利用三维增强现实（3D AR）技术遥控在多伦多大学他的实验室里的机器人进行"地下采煤"的模拟过程。为此，侯明和他们的团队赢得了"最佳创新科技演示奖"。1999 年，侯明根据他的博士课题而撰写的只有两页的摘要得到了美国自然科学基

1998 年在加拿大的 IRIS/PRECARN 创新科技年会上获得"最佳创新科技演示奖"

金会认可，并向他颁发了奖金，全程资助他作为从全世界甄选的 12 名博士研究生之一，唯一的华裔研究生及唯一的加拿大入选者，参加了在美国匹兹堡市的计算机与人交互国际会议的博士论坛。他在论坛上与其他学者广泛交流探讨了未来世界计算机、移动通信，及人工智能技术会怎样影响人类的生活，当时对社区网络和社交媒体等有关技术的很多预测今天已

经变成了现实。随着侯明博士课题的进展和相关成果的发表，他相继在2001年的CASCON国际会议上和2003年的国际人机工程大会

2001年在CASCON国际会议上接受加拿大IBM总裁颁发的"最佳论文奖"（奖品为Thinkpad笔记本电脑）

上获得了最佳论文奖。在得到这些国际上的认可的同时，侯明并没有忘记向广大中国同行介绍这些先进的理念和技术，他于2002年4月15日在中国《科技日报》上第一次向中国介绍了三维增强和混合现实及相关的三维遥测尺等专利技术及它们在各个领域的广泛应用。在同一年，由于侯明的学术创新和已取得的成果，他在刚刚完成第三个博士课题实验，还没有完成论文写作的时候，即被加拿大国防部聘用为军事科学家。

在2002年4月15日的中国《科技日报》上第一次向中国介绍了三维增强和混合现实技术（3D AR，MR）

四、与智者为伍，懂得天外有天；与善者同行，学会合作共赢

侯明所在的工作单位是由加拿大十大伟人之一、胰岛素的发明人、1923 年诺贝尔奖获得者班廷爵士 (Sir. Frederick Banting) 在第二次大战中创建的。这个机构先后研制了世界上第一套防止飞行员或宇航员高空飞行由于重力加速度而产生失重的反重力装置，世界上最早的两台模拟计算机中的一台，以及很多在世界上独一无二的发现和发明，也包括参与了登月工程、选拔和培训宇航员等等在世界上领先的技术和项目的研发，在那里有很多个部门的科学家们都是在各自领域里引领世界潮流的国际权威，有很多其他国家的科学家甚至能以在此进修过一段时间而感到荣幸。进入这样一个世界闻名的科研机构，每天与很多不同领域的世界知名科学家一起工作，侯明开始还真有些诚惶诚恐。慢慢地他看到了这些有着众多建树的世界一流科学家不仅安于自己的本职工作，对科学的态度是那么的认真，有时连一个字、一句话都要字斟句酌，而且大家都是那么谦虚待人、乐于助人，却又行事低调、从不张扬，他与这些有学问、有修养的同事在一起工作非常愉快。每每有人在退休的临别留言里会说，这里的工作和人们是最值得怀念的。工作期间，侯明有机会接触到加拿大政府的一些高级行政管理人员，也从他们身上学到了很多。加拿大国防部高级助理副部长和助理副部长曾经多次在无任何随行人员陪同的情况下自己乘廉价航班从首都渥太华飞到多伦多，再乘公共汽车和地铁来到侯明的单位开会。在渥太华机场，侯明曾看到反对党领袖 Jack Layton 自己在排队托运行李。还有一次，在电梯里已经先于侯明校友进入的加拿大前常务副总理 John Manley 在下电梯时执意请侯明校友先步出电梯。再有一次，加拿大前总理 Joe Clark 自己一个人在机场公共餐厅买了一份三明治和一瓶矿泉水，然后就坐在离侯明校友三米之隔的一个餐桌上吃午餐，吃后自己把垃圾送到垃圾箱里，然后去登机。在班机上侯明又看到了他，但大家都是自己照顾自己，没有人与这位前总理寒暄。从这些亲身经历，侯明看到了在加拿大，即使手握大权及为国家社会做出了巨大贡献的高级行政人员，也不仅能秉承人民公仆的服务态度，而且在平时的生活和工作中谦虚待人、行事低调、从不张扬， 他为这种态度深深地折服，并以此为榜样，低调做人，积极做事。

侯明在工作单位安静祥和的环境里，能够安下心来做学问、搞科研，经过一段时间的努力，他便在人与智能系统的交互领域有所建树，并得到了广大国际同行的认同。其中从 2004 年至 2013 年，他曾连续 10 年担任虚拟现实和混合现实国际大会共同主席。2005 年他受美国麻省理工大学人与自动化交互实验室前主任、美国海军第一批女战斗机飞行员之一 Mary Cummings 教授的邀请，作为这个全世界最顶尖的工科学府的访问科学家到 MIT 讲学。2010 年他应邀在美国肯尼迪航天中心与美国新墨西哥州前参议员、人类最后一次在月球上行走过的两位宇航员之一 Harrison Schmitt 教授等国际著名科学家在人与计算机交互在空间领域的应用的国际会议 (HCI-Aero 2010) 上一起做主题演讲讨论。受北大西洋公约组织邀请，侯明从 2006 年开始参与人与机器人的人机交互、智能辅导系统在培训中的应用和机器学习技术在模拟与仿真中的应用三个专家工作委员会的工作，以及作为共同主席主持无人机系统人机工程国际标准的制定，并且作为由 4 位国际权威组成的讲师团的一员，在北美和欧洲进行了无人机技术、培训、法规、挑战等相关的系列讲座。几年前，一位即将退休的英国著名军事科学家对侯明说："你是我在这个组织工作 36 年来见到的唯一的华人。"对此，侯明不知如何应对，但很多年在不同的国际组织里和众多的场合下，作为唯一的黑头发、黑眼睛、黄皮肤的华人，多少次当他坐在主席台上主持国际会议或站在大屏幕前做主题演讲时，台下没有一张华人的面孔，令他多少感到些"孤独"，也有时有人好奇地问他的"出处"。不过时间长了，他便习以为常。作为国际技术合作组织人机系统空间委员会加拿大的首席代表，他主持参与了很多高度复杂的非常规的国际合作项目，其中包括作为加拿大总指挥带领由科学家、工程技术人员、后勤保障人员，及军事人员组成的加拿大团队参加了展现和检验未来理念和技术的2018年多军种全天候"自动化勇士"多国联合演习，并获得了这个国际组织颁发的"杰出成就奖"和"杰出领导力奖"。

由于侯明能够十几年如一日安安静静地潜下心来做学问，在自己的领域里独创一帜，颇有建树，再加上能与各个国家的同行们和谐相处，他不仅成为加拿大在人机工程和人机交互领域里的领军人物，担任加拿大国家人机系统智囊库自动化、机器人、远程在线首席科学顾问，加拿大国防部和武装部队人工智能科学与技术战略规划委员会人机交互首席科学家，负

2018年接受由伊斯坦布尔科技大学校长颁发的无人机技术、应用理念、空中管制国际系列讲座"杰出贡献奖"

与参加讲座的部分人员合影

责指导国家在此相关领域的科研方向与投资，而且作为虚拟现实和增强现实以及人机工程领域的权威，他也被相关的国际学术和政府组织邀请，从组织国际会议，到带领其他国家相关领域的科学家们一起组织科研项目的合作攻关，进行国际标准的制定等等。目前侯明作为加拿大多伦多大学的兼职教授，还担任国际电子与电器工程师学会 (IEEE) 人机系统人机工程大会共同主席，也是国际技术合作组织人机系统空间委员会加拿大代表团首席代表和 29 国无人机系统人机工程国际标准委员会共同主席。这些成功的国际合作案例展现了他作为很多组织和机构里的唯一华人在协调与有着不同组织机构、不同语言和文化、不同教育背景、不同工作习惯，以及不同的思维方式的专业团队方面的卓越和高超的领导能力。鉴于侯明开创的智能化自适应系统的理论及相关的一整套优化人机交互的设计理念和方法，并且这些方法在指导广泛的军事和科学领域里人与先进技术（如人工智能、机器人、无人操控系统等）合作关系的优化设计，以及其中有关的设计原则奠定了无人机与民用空间整合的国际标准，也基于侯明多年对包括加拿大与国际社会在相关军事和科学领域的突出贡献，29国无人机系统委员会的两位主席分别于2012年和2019年给加拿大负责科学与技术的两位助理副国防部长写了两封感谢信，表彰了侯明作为人机交互领域的国际权威对这些国际标准的制定所表现出的长期的不可或缺的领导力和杰出贡献及重大影响。同时侯明获得了杰出成就奖、杰出领导力奖和最佳团队合作奖等众多奖项。2019年初经加拿大国防科技研发委员会的评审和推荐，加拿大助理副国防部长任命侯明为院士级军事科学家。对于获得在全国只有极少数的科学家才有的这个承认和荣誉，侯明非常感慨。这些成就的取得和国际同行及组织的认可不仅仅是因为他自己多年来的艰辛和汗水，更多的是作为一个当代中华儿女在国际舞台上所展现的学识和融汇中西的思想，而这些都与侯明当年在母校哈工大学习和工作的10年时间里培养的与人为善的初衷，善于聆听的耐心，有效沟通的技巧，勇于担当、不怕吃亏的奉献及团队合作精神，吃苦耐劳及坚韧不拔的毅力，勇攀科学高峰的志向和对中华文化与文明的点滴领悟，以及乐于助人、服务社会的人生目标有着密不可分的关系。所以每提及此，侯明总是深深感谢母校哈工大对自己的培育之恩。

五、十年磨一剑，安下心来做学问，成为无人机人机工程领域的国际权威

从2003年开始，侯明就在他负责的一些项目中注意到，由于没有遵循任何人机工程的设计方法，或者应用的人机工程设计方法不当，或者因为

项目团队的各个成员来自不同的专业背景以及实践经验不同，在相互交流过程中，对于把用户的需求转化成对系统的设计要求上存在不少的偏差，有时不仅影响了项目进度，严重时还有可能影响系统的质量以及应用人员的安全。尤其是对于一些利用高度自动化及智能化的系统来代替人类认知行为做出决策而采取相应的人机系统行为时，这样的一些不当设计甚至过错会造成巨大的经济损失及人员伤亡。而历史上这类的案例总是在重复，从核电站的控制系统，到取代驾驶员的飞机自动飞行器，到太空穿梭机、无人驾驶飞机和汽车，再到一些机器人的控制等等，人类在不断地重复上演着一幕幕机毁人亡的悲剧。2009 年法航 447 由于飞机控制的设计不当等原因在大西洋坠毁，228 人丧生。可就在大概 10 年后，2018 年 10 月和 2019 年 3 月也因为波音 737 Max 8 飞机控制的智能系统的设计不当（根本没有遵循人机工程的设计原则）和其他原因导致印度尼西亚狮行 610 和埃塞俄比亚 302 航班先后坠毁并有 189 人和 157 人丧生 。这些血的教训都与在人类应用智能科技（人工智能、自动化、机器人等）时没有遵循人机工程的设计原则或对人机工程的设计不当有着直接的联系。认识到了问题，为找到解决办法，侯明在本职工作之余，花费了大量时间和精力，寻根探源地回顾了现代以来人们在不同的科技发展阶段利用不同的先进技术来帮助自己完成任务并进行人机工程设计的历史，总结和检讨了近代以来人类社会在自动化、机器人、智能化系统设计方面所遵循的思想体系、理论方法、指导原则和实践经验及教训，指出了人类在设计和应用当今越来越高度复杂且智能化的技术（如人工智能、自动飞行控制系统、无人驾驶、核电站等）时缺乏科学化、系统化的理论体系和实践指导原则，以及由此而产生的在安全、法规、法律、道德、伦理、社会、文化等诸多方面的困惑和挑战，阐明了基于人和智能化系统的各自能力、优势和局限来动态优化两者之间交互的伙伴关系，以期"合谐共处"地实现共同目标的重要性和必要性。为解决应对理论体系和设计指导原则缺乏的挑战，侯明基于他二十几年来在自动化、机器人、远程操作、远程再现、人工智能等领域的潜心研究，结合人机工程和增强认知等交叉学科的最前沿设计理念和相关技术，经过十余年的努力，于 2014 年出版了他的专著《智能化的自适应系统：人和人工智能交互共栖的优化设计》（*Intelligent Adaptive Systems: An Interaction-centered Design Perspective*）。这部专著在科学和军事领域第一次创造性地提出了一整套以优化人机交互为中心的智能化系统设计的理论思想体系、设计方法、指导原则和高度创新且实用的解决方案，并配以侯明主导设计的先进的多用途无人机远程遥控系统和远程教育智能辅导系统等专利技术为实例来阐述这一整套全新的思想方法、设计流程和实施步骤。

此专著一经出版，就得到了国际同行权威的一致好评并成为北美和欧洲的一些高校高年级本科生和研究生的教科书。世界"增强认知"领域之父、美国国防先进科技研发署生物工程与科技项目前主任 Dylan Schmorrow 博士认为这部著作不仅"为科学家、工程师、系统设计师，以及任何对创建和使用 21 世纪人机共生技术感兴趣的实践人员提供了精辟独到的见解和具体的理论指导，更加生动地展现了由交互计算的鼻祖、互联网及人工智能的先驱利克莱德（J. C. Licklider）在 20 世纪 60 年代设想的未来人机共栖合作伙伴关系的愿景"，他还强烈建议这部著作"应成为所有在政府部门、学术界和工业界从事 21 世纪人与智能化系统伙伴关系的研究和设计人员的必读之书"。已故人与自动化交互领域的学术泰斗、美国 George Mason 大学的 Raja Parasuraman 教授建议要"把这本书放在所有对人机工程、人与自动化交互及系统设计感兴趣的工作人员的案头上"。美国陆军院士级科学家、《人机交互在未来军事领域的应用》(*Human-Robot Interactions in Future Military Operations*）的主编 Michael Barns 和欧洲无人机航空管制权威、德国空军 Roland Runge 上校也认为这部著作所介绍的智能化的自适应系统的理论，倡导的优化人机交互的设计理念，及其一整套完整的设计解决方案"完美地搭建了科学与技术的桥梁，不仅为智能化的自适应系统设计提供了最基本的框架，更为依此方法设计的人机共栖伙伴关系提供了应对广泛任务和挑战的无限潜能"。英国伯明翰大学的 Chris Baber 教授也在 2017 年在他发表的专门对此著作的书评中认为这部著作"不仅为人与人工智能的伙伴关系提供了前瞻性的视野，也为优化这种合作共栖的伙伴关系提供了解决方案和进程表"。他认为这部著作对人机工程这一交叉领域贡献非凡，并强烈向社会各界推荐了此著作。在此专著出版一年后，这部著作介绍的第一个人机交互成功设计的经典案例（美航 1549 在哈德逊河的奇迹降落）就由好莱坞拍摄成电影《萨利机长》（*Sully: Miracle on the Hudson*）于 2016 年在全世界公映。此专著作为在人机工程方面的一个重要参考文献，指导了在 2018 年 2 月 23 日出版的北大西洋公约组织无人机人机整合航空管理的一个国际标准。在此专著提倡的设计理念和方法原则指导下，一个针对提高远程教育有效性的智能辅导系统已经在实际应用中取得了丰硕成果并申请了专利，另一个为提高用户场景意识和减少出错率而开发的智能化的决策辅助系统因其动态、透明且自然的交互行为在 2018 年的一次多军种全天候的国际联合演习中得到了各国参演人员的一致赞誉。两家超大型跨国军工企业也以此思想和设计理念为指导，先后开启了基于人体感应包括用户的意愿/意识和大脑负荷而向航空培训和人工智能系统提供智能化决策辅助的技术研发项目。在此理念指导下的一篇学术论文在 2019 年的国际认知信息学和认知计算技术的年会上 获得了最佳论文奖，侯明也被大会邀请像已故模糊理论之父拉特飞·扎德（Lotfi A. Zadeh）教授

一样在 2020 年的年会上做大会主题演讲。侯明校友提倡的这个优化人机交互的设计理念和方法原则被国际上各个不同的科学和技术领域所广泛接受，每年他都会被邀请在不同的国际大会上做主题演讲，来分享他的人机和谐共栖的学术思想和政府应有的一些相关政策。

六、感恩母校，回馈工大，服务校友，无私奉献

学子之于母校，是远行的游子、深情的牵挂；母校之于学子，是精神的家园、温暖的港湾，也是前行的动力。每个人的一生都在给予中前行，在温暖中迈步。侯明始终不忘"受人滴水之恩，当以涌泉相报"的中华美德，把种下善良、收获温暖作为他人生的目标之一。

当初，侯明在 1996 年的冬天初到多伦多时，加拿大的华人并不多，中国内地去的华人就更少，他为了了解当地的情况，好不容易才打听到了一位早几年到的同专业的师兄的电话，可是电话打过去后，人家非常忙没有时间见面，侯明只好自己一个人经常去离多伦多大学不远的唐人街，至少能看到一些挂着中文招牌的早期香港移民开的小超市和小店铺，虽然语言也不通，但至少了却了一些他的孤独和思乡之情。那时他想：如果能有更多的内地来的人，甚至是哈工大来的校友该有多好呀！从那以后，每逢有从内地来的同学、朋友、同学的同学、朋友的朋友，只要通知他一声，不管是不是哈工大的校友，他都义不容辞地早早帮助租房子，去机场接机，带着新来的人在各处转转来熟悉环境，介绍哪是学校、超市、医院及政府各个办证件的机构，有时也带着他们一起去这些他们不熟悉的地方办理各种与日常学习和生活相关的事宜，并经常与他们这些初次来到异国他乡的家乡人交流来加拿大的各种心得，使他们能少走一些弯路。2000 年，自从哈工大加拿大东部校友会成立后，他便积极参与和组织各项活动，几年下

来大家对他的乐于助人、无私奉献，以及擅于组织活动的领导能力非常认同，2006年校友会常委会一致投票选举他为第三届校友会的会长。作为会长的他，对校友会的活动更是兢兢业业，除了举办每年传统的夏季野餐会以外，他还与其他校友会的常委一起组织了冬天的春节聚会和其他活动（如打冰壶，搞沙龙，帮助哈工大校友竞选市议员，等等）。在他的带领下，校友会把从国内来加拿大上学的、进修的、开会的、移民的、探亲的，包括在哈工大学习过的、工作过的、生活过的以及所有与母校有过关系的，对哈工大有感情的、关心哈工大的人都吸引过来参加各种活动。因为他自己有10年前初到加拿大找不到哈工大亲人的可怜经历，每次活动他都带上哈工大校友会的通信录，让新来的校友不但要把自己的信息留下，而且要试试找找有无认识的哈工大"老相识"，那几年注册的校友从20世纪50年代到90年代生的人达到400多位。为了便于信息沟通，侯明自己开发了校友会的网站以及脸书上的校友会页面，并在每一次活动之后把最新消息和照片上传到网上以便与大家分享。每年年末岁初，侯明都要把校友会一年的工作和新一年的计划以中英文的方式放在网上，并以邮件的方式寄给所有校友。侯明也注重与母校及校友总会的沟通，并及时响应学校的号召开展工作，曾发动校友们捐款帮助母校有困难的学生。如果有母校的老师或领导访问加拿大，他也组织哈工大的校友们一起聚会欢迎。2010年，他在学校的邀请下，荣幸地参加了母校盛况空前的90周年华诞庆典，并与众多海内外校友会负责人一起群策群力，就怎样把哈工大建成国际一流大学为母校建言献策。当时还在倒时差的侯明在临离开母校前，连夜在宾馆的文件纸上书写了一万多字的建议由人事处转交给王树国和杨士勤两位校长，表达了他对母校的拳拳感恩之情。

2011年后，虽然侯明校友不再担任加拿大校友会会长的职务，但他仍

2010年应邀参加母校90周年华诞庆典，海外校友代表与杨士勤和王树国两位校长的合影（前排右四）

2016年回母校与周玉校长、校友总会卢长发主任、基金会郑世先主任讨论校友会工作

（a）校友会网页

（b）校友会年终工作总结和新一年的工作计划（中英文版）

加拿大校友会网站建设和与校友们的沟通

然积极支持校友会的各项活动，并身体力行，走在各项活动的前面。哈工大校友会在华人社区举办丁香杯高校排球赛，他从参加新闻发布会，到准备比赛时在场馆内架梯子爬高挂横幅，到做边裁，给各个队伍照相，赛后收拾搬运桌椅板凳，都亲力亲为。参加高校草地拔河比赛，帮助筹备校友会的春节联欢晚会及会后打扫卫生、清理会场和处理垃圾等等，作为名誉会长，他都是"冲锋在前"继续起到表率作用。目前哈工大加拿大校友会除了大多伦多地区以外，还有温哥华和蒙特利尔两个分会，仅在大多伦多地区校友会的微信群里就有近500位校友。校友会里有乒乓球队、羽毛球队、篮球队、跑走队、拔河队、滑雪队、摄影队、户外活动队、创新俱乐部、校友互助平台，以及表演艺术团等等。校友会除了组织平时内部的各种活动以外，还组织和参与在多伦多当地中国高校组织以及华人社区举办的各

（a）冲在高校杯草地拔河赛的最前面

（b）一年一度的校友会春晚大联欢

身体力行，做全力义务支持校友会活动的表率

种活动。校友们的业余生活丰富多彩，有些活动甚至参加不过来。侯明除了以前亲自组织了校友会的科技创新沙龙活动以外，注重与母校的沟通及与校友总会的创新俱乐部衔接，帮助母校举办迎百年校庆海内外创新大赛。在 2017 年，他帮助深圳校区与多伦多大学在多伦多联合举办了首届国际青少年无人机大赛，在 2018 年，他又帮助深圳校区在深圳大学城举办了有大学组参加的第二届国际青少年无人机大赛。因为部分海外校友担心其子女在国外长大成人后对中文和中国文化渐渐生疏，侯明校友又与深圳校区领导促成了哈工大二代寻根研学夏令营的开办，希望哈工大海外二代们能通过这个寻根研学之旅，吃、住、学在学校，能对哈工大有所了解，对他们父母当年与他们在同样的年龄段的学习和生活环境有所了解，进而了解父母的前半生，理解作为第一代移民的父母的艰辛和培养下一代的付出，以便可以更好地与父母沟通交流，加强与父母的亲情和纽带关系。当然，通过对哈工大母校今天和历史的了解，并目睹哈工大以及中国的翻天覆地的变化，从而进一步了解中国的过去与现在，对于宣传中国、宣传哈工大，加强哈工大对海外年轻一代的影响，甚至能为母校在未来招收到海外的学生、教师或研究人员都有着积极的促进作用。作为国际电子与电器工程师学会 (IEEE) 人机系统人机工程大会的共同主席，侯明还邀请母校的教授参与了大会的组织委员会，使得母校能有机会参与这一 21 世纪新兴学科的发展，拓宽母校在这一交叉领域的国际视野，帮助母校实现"国际组织有位置，国际会议有声音，国际合作有伙伴"的强校要求。经过一年多的努力，2019 年加拿大国防部同意将侯明的专著《智能化的自适应系统：人和人工智能交互共栖的优化设计》（*Intelligent Adaptive Systems: An Interaction-centered Design Perspective*）在中国的独家发行权无偿授予哈工大出版社，向广大国内读者介绍 21 世纪人与智能科技和谐相处、合作共赢的设计理念和方法。这也成为侯明向母校哈工大百年华诞敬献的一份独特礼物。20多年来侯明为母校、为校友会,以及为母校校友和校友的下一代的多方面无私无偿的服务、回馈与奉献都充分表明了他对母校的拳拳感恩之情。

当然,任何事情的发展都可能不是一帆风顺的。由于微信的普及,在过去的几年里校友的互动更加及时和方便,还有众多义工校友的支持,这些都极大地促进了各项活动的开展。要在华人高校社区有一定的影响力需要有自己举办的活动,更需要资金支持。主管加拿大几个科研领域投资及众多国际合作项目的侯明对这一点既理解也支持。但是,校友会在过去三年左右的时间里还没有正式在加拿大的任何一级政府机构注册成为一个合法的民间组织,却连续以哈工大校友会的名义举办了两届高校排球赛及三届春晚。另外,校友会的组织机构在过去长达8年的时间里没有换过届,甚至原有的一些规章制度也已经荡然无存,很多主要决定没有经过任何民主程序。这些事情使很多校友感到困惑,更给校友会造成了混乱。很多校友对此指出了问题,建议校友会一定不要忘记"规格严格,功夫到家"的校训,校友会要有健全的规章制度,并且要严格遵守这些制度和当地的法律。作为为校友会服务了近20年的名誉会长,侯明看在眼里,急在心上,为了校友会的健康发展,避免影响校友会在加拿大华人社区,以及所有哈工大校友和母校的声誉,他挺身而出,公开要求立即换届选举,建立健全各项规章制度,遵守政府法规,马上在加拿大政府注册成为一个合法的校友会组织,并依法向政府通报这几年的财务账目。经过激烈的辩论和努力,最终校友会成立了过渡委员会并选举出了新一届组织机构,并在几个月后在政府部门注册了一个合法的群众组织。对此侯明也感慨良多:说真话不容易,主持正义更不容易!但多年前在母校养成的为他人服务和知难而上的工作作风让他不怕困难,坚持真理,他所经历的这些事情,都与自己的个人利益无关，甚至会被误解，但是"心底无私天地宽"让他为正义，为民主，为法制，为校友会的健康发展，为大家更好的将来即使背负骂名，也心甘情愿地挺身而出。他的这一举动更被很多深明大义的校友看得清楚，并得到了他们的支持。

总之，侯明希望哈工大加拿大校友会能通过这件事从此走上正轨，遵纪守法地健康发展，校友们在加拿大这个平等和自由的国家、民主与法制的社会里能够好好享受生活。

七、培养科学之思想，追求自由之精神，与智者为伍，与世界同行，在文化上领导构建人类未来之文明：对母校哈工大创建世界一流大学的一些思考和建议

尼克松曾说：归根到底是思想而不是武器决定历史。什么样的精神才能形成一个国家强大的凝聚力，而使得一个国家成为人民的希望，被世界所承认和接受？是思想，及它在人类精神层面的贡献！对于一个国家是这样，对于一个聚集了众多知识分子的高等院校更是这样，如果我们能对人类社会在精神层面上，在影响人们的思想上和文化上，在人们认识客观世界的探索中有所贡献，那么我们就自然而然地会被世界所承认，而不会仅仅依靠有多少文章被发表或引用，或者在不同的排名榜上处于什么位置。所以母校在教育理念上不仅要重视技术的创新和发明，更要注重对学生和教师在人文科学方面的培养，不仅要培养精益求精的"工匠"，更要培养有创造力的科学家和思想家，为人类的文明做出自己在文化上的贡献。

提到文化，首先我们一定要明确什么是文化。《周易》说："观乎天文，以察时变；观乎人文，以化成天下。""文化"简单说就是"人文教化"的意思。文化不完全等同于科学或知识，更不是技术，不是说一个人有了什么学位，或职称，或什么发明创造就有了文化。文化是指一个人是否有修养和比较好的道德情操，在精神思想和行为举止上是否能承载良好的品格和操守。先进的技术成就能激起国人的骄傲及自信，甚至别人的羡慕嫉妒恨，但很难沁入一个人的灵魂。能荡涤灵魂的东西，如文学、艺术、哲学、思想往往是永恒的经典，并不会因时间而落后。正如"人文教化"的概念，生活富裕了，还要对人施以教化。如何教化？"文"就是一个方法，简单说，不仅去汲取中华民族的祖先留给我们的智慧，还要去体验人类社会创造的历史和文明，去充盈我们的个人生活和精神世界，让丰盈的灵魂自由写意。更重要的是，让这些宏大的东西与个人的生活和工作发生直接联系，将民族的记忆与精神融进生活和工作的每一个细微之处。如果能用几千年的华夏文明中的一少部分来丰富自己的文化，我们就可以从内心深处获得无穷无尽的力量，从而无比自信地搏击世界的风浪。改革开放40年所取得的举世瞩目的成就，为什么只有中华民族能做到？原因之一，就是中华文化的巨大力量承托着中华民族奋力向前，让很多世人感到震惊和好奇。

　　文化的发展和传播，关乎每一个国人，"人均"有文化，国家和民族才能有文化，与其说文化是国家事业，倒不如说是每一个人的共同责任。虽然管仲说"仓廪实而知礼节，衣食足而知荣辱"，但文化并不能直接从财富上长出来，也不是靠发表了多少篇文章或发明了多少先进的技术而自动产生，而是说财富和知识的积累可以让更多的人从贫困和饥饿中解放出来，有时间有智慧去思考生存之外的问题，去创造对生存"无用"的东西，由此文化才能创生和发展。尽管在和平岁月，文化显得"无用"或"冗余"，但在危机时刻，让人摆脱迷茫、获得勇气的东西，恰好是"无用"的文化。近代中华文明的衰落严重挫伤了国人的自信心，但正是在那个民族与国家危在旦夕的时候，辜鸿铭的《中国人的精神》告诉世界中国人并非西方人眼中的"野蛮民族",而是性情温良友爱,富于礼貌和智慧,"真正的中国式人性有一种从容、冷静、练达之气,就像你偶然找到一块锻造精良的金属"。在当时国家积贫积弱、世人质疑中国文化"落后"的情况下,他还能坚定地相信中华文化的力量,并将其中优秀之处昭告世界,这是真正的文化自信。那个时代没有强大的祖国让辜鸿铭去自豪"厉害了,我的国",更没有像样的如航天航母的国家实力去佐证辜鸿铭的观点。但他凭着一己的学识、思想和自信,令无数外国人印象深刻,在一个国家衰落的时代完成了一次不可能的"文化输出"。这是真正发自内心的"文化自信",它源自辜鸿铭学贯中西的渊博学识,源自他从民族文化中获取的强大力量。同样,德国作家托马斯·曼在纳粹上台之后流亡海外,面对祖国沉沦,他却语出惊人:"我走到哪里,哪里就是德国,我带着德国的文化。"作为一个作家,民族语言和民族精神已经融入了他的生活和事业,只要他还在说话、写作、思考,民族文化就会不断地生长和扩散。今天众多国人以工作、学习和旅游等各种方式走出国门奔走于世界,个人的行为和思想自然地承载和体现了中华文化,别人正是从我们的个人言行举止来认识和判断中国文化和中华文明及它们带给周围的人和世界的影响。

  文化是一个国家和民族的灵魂,不仅关乎个人的前途和命运,更关系到国家的前途和命运。与层层叠叠的社会结构不同,文化和思想可以跨越一切障碍直达人心。当我们咏诵中国古典诗词时,通过诗词中所描述的超越时空的意境我们就可以深切地体会到古代伟大诗人的心灵、智慧、品格、胸怀和修养。这就是中华文明和文化的一个具体表现。正因如此,每一个国人都可以与民族文化直接关联,也都对民族文化负有义务,比如中国语言文字之美体现在我们的书写和言辞之中,中华文化之精神体现在我们的学识和思想之中,中国礼仪之典雅体现在我们的待人接物之中。我们每个人如能兢兢业业地做好自己的本职工作，认真地学习和思辨，对他人负有道义和责任，坚持真理和主持正义，久而久之中华文化就会在我们身上迸发出强大的力量。无论我们走到哪里，我们良好的生活方式、习惯和修养，及其精神力量都会感召他人，无论他们是否了解中华文明。如此以往，我们都会变得自信，这一自信并非源于空洞的语言、宏大的工程或以国家为单位计量的发展成就，而是源于我们与民族文化的直接关联，它教化着我们，作为中华儿女，应当堂堂正正地做人，成为人类族群中最优秀的一分子，应当对人类的前途和命运、道德和公义负有责任，这才是一所要成为世界一流的大学的办学理念的最重要的战略考量之一。有了这样的办学理念和战略思维，一所大学才能培养出一批批对中国文化和人类文明做出贡献的真正的国际知名学者，从而得到世界的认同和接受。

那么如何培养出众多的国际知名学者，对人类文化和文明有所贡献，从而得到世界的承认呢？类似的问题其实也与"钱学森之问"有关。已故中国航天之父钱学森先生曾于2005年问当时看望他的温家宝总理："这么多年培养的学生，还没有哪一个的学术成就能够跟民国时期培养的大师相比……为什么我们的学校总是培养不出杰出的人才？"后来国内很多人试图回答这个问题，也有人把它与中国人获得诺贝尔奖次数少的事情联系起来。侯明根据他25年来在多伦多大学和在美国麻省理工等一些世界一流学府求学、讲学和交流的经历，对这些国际著名的高等院校的教育理念和学生培养机制的分析，和在不同的国际学术和政府组织与众多领域的国际权威一起工作、领导国际专业委员会制定有关国际标准、引领一个国家在某些领域的科学研究方向的经历，以及对于科学、技术、艺术、哲学和对于文化与这些文明因素的相互关系的思考，他有着自己的见解。作为哈工大的校友，他对母校成为21世纪国际一流高校的愿景也有着他自己的期盼与考量，结合自己在母校哈工大求学和工作了10年的经历，他于2010年受邀回母校参加90华诞庆典时向母校的两位校长提出了自己长达万字的建议。值此母校百年庆典之际，侯明坚持认为"授人以渔"比"授人以鱼"更加重要，再次提出几点他个人的看法，作为表达他对母校辛勤培育的感恩之情和百年校庆的献礼之一。作为哈工大培养的技艺精湛的工程师及多伦多大学培养的有创造性的国际权威科学家，侯明认为首先要在办学理念上有着眼百年的在文化上的战略思考，然后有必要澄清人们对科学和技术这两个既紧密相连又有很大不同的概念的混淆或误解，因为这样的混淆也会误导学校培养学生的宗旨和教书育人的理念。

那么什么是科学呢？第一，很多人在讲科学时，意思指的是科技，而讲科技时，意思却指的是技术。而这种现象早已成为汉语里潜在的习惯用法。在我们大多数人的认知中，科学是作为工具出现的，而不是作为目标。而实际上科学作为人类认识和了解世界的目的更与发现和规律有关，而技术作为人类认识世界的工具更与发明和创造有关。二者之间的区别是目标与手段，都涉及对知识的学习和应用。

第二，由于自古以来我们在认知中对于科学和技术的混淆，导致了对科学赋予了过多的功利色彩。国人对科学的理解，要么要为国争光，要么可以保家卫国，要不然就解决吃饭问题。因为中国传统文化里缺乏科学因素，100年前的"五四运动"国人被迫学习西方科学，提倡引进"德先生和"赛先生"，目的是拯救水深火热的中国；今天大家主动学习西方科学，目的是迎头赶上，让中国屹立于世界民族之林。既不能保家卫国、不能解决吃饭的问题，又不能为国争光，那是不是科学？有很多人不清楚。

而其实这些误解在客观上是有一定道理并有其历史根源的。

首先，从中国的地理结构决定的农耕社会以农为本的中华文化来看，从文化结构上来讲我们并不鼓励对知识有一种超功利的立场，这反而使得知识和知识分子没有独立的地位，只具有功能性。而这种功能性又叫我们强调理论联系实际，强调"学以致用"。

所以，自古以来，中国人虽然有非常丰富和发达的技术传统，但是却没有科学的传统。而我们就只能把科学理解成技术，除此之外没有别的想象空间。100年来从我们被迫学习西方科学直到今天我们主动学习和赶超西方科学，从中国文化的角度来看，首先我们对知识和科学的态度还是实用，其次是有技术少科学，甚至在某些领域有技术无科学。

其次，有人说中国文化的核心是仁爱，而西方文明的核心是自由。这里的自由是指独立的人格，能为自己负责。从西方科学的起源来看，这种自由的人性是通过科学的方式培养出来的。在科学最早出现的古希腊，人们提倡通过科学获得自由，它的一个显著特点就是无功利性，科学知识是一种为了自身目的而存在的一类知识，学习科学知识的目的就是要服务于自由的需要。希腊科学的另一个特点是内在推演。马克思的《资本论》，弗洛伊德的《梦的解析》，以及爱因斯坦的《相对论》都是推演的结果，推理和演绎无经验可循的人类社会、人类的精神世界，以及人类生存环境的本质和发展规律，这种对真理性的探索推演出了人类的最高知识，而认识和学习这些科学知识的目的是满足人类自由的需要，从而进一步创造和发展了人类文化和文明。而这种思想正是遵循了中国古代伟大的思想家老子在《道德经》中所提出的"有之以为利，无之以为用"的在"有用"与"无用"或"有为"与"无为"之间的辩证转化思维。

所以，简单地说，科学是一种有高度文化依赖的人类现象，不是一个单纯为了生存目的而存在的事物。如果只是为了生存，人们其实不需要科学，只需要技术就够了。正如《资本论》《梦的解析》《相对论》这些科学学说或理论，它们本身产生极大的意义和作用是近代的事情。而我们中国人学习西方的科学是从末端学起，不是从开端学起，所以会很难理解科学精神到底是什么。科学精神有很多层面，如果用一句话来概括的话，那就是自由的精神，如果一个民族或文化丧失或缺乏自由这个维度，这个民族或文化就不可能真正拥有科学精神。

对科学的种种误解和不全面的理解以及把它与技术的混淆，自古以来一直支配着中国人的科学观。科学精神还远远没有成为我们中华文化中一个内在的有机部分。科学和技术是人类文明的基本驱动力，二者相辅相成，缺一不可。虽然科学和技术可以让一个学校强大起来，但让一个学校伟大的是建立在文化和思想基础上的精神文明。这就是侯明建议母校一定要注重培养有思想、有文化的科学家的原因，并认为能否做到这一点也会成为能否成为世界一流大学的一个重要指标。

基于以上长时间、多方位、深层次的思考，侯明提出了以下三方面具体的建议：

1. 教育理念的战略上，不仅要培养精益求精的"工匠"，更要培养有创造力、有文化的科学家和思想家

正如文化是一个国家和民族的灵魂，不仅关乎国家的前途和命运，更关系到个人的前途和命运，文化也应该是一个学校的灵魂，不仅关乎学校的前途和命运，更关系到她所培养出的莘莘学子的前途和命运。真正的强者不仅要把自己的事情做好，还必须要肩负起一定的社会责任和义务。一个具有使命感要改变世界的学生和一个有着功利心只想着有一份稳定和高收入的工作的学生，即使在同一所大学里学习，他们人生最终的结局一定是不同的。

毋庸置疑，哈工大作为国内领先、国际知名的工科学府，百年来，秉

承"规格严格，功夫到家"的校训培养了几十万名各行各业技艺精湛的工程师，他们为国家和社会做出了巨大的贡献，有一大批专家学者因为对一些领域的特殊贡献还获得了国家科技领域的最高荣誉，这些都值得自豪和称赞。但我们知道想象力和创造力比知识更重要，在达到一定水平的技术和技能后，科学和艺术趋于在美学和形式上的融合。正如爱因斯坦说的"最伟大的科学家总是艺术家"，而他本人正是这样一位伟大的科学家和艺术家。所以我们的教育应当将目光放长远，哈工大不仅要培养技艺精湛的工程师，更需要培养众多有原则有独立思想的在文化上有想象力和创造力的科学家，以及成为影响某一领域甚至整个人类社会的思想家。一所大学要想成为世界一流学府，能真正被世界认同的不仅仅是它有多少技艺精湛的能工巧匠在技术上的创新或发明，而更重要的是这个高等学府要能培养出一些在真正意义上对人类社会在精神和文化方面有贡献的科学家和思想家。具体地说，也许我们在国际刊物上发表了很多文章，在某些国际组织有了位置，在一些国际会议有了声音，也有了许多国际合作伙伴，但我们在广泛的国际机构或组织中处于一个什么位置，有多少话语权，又参与制定了多少国际规则，有多少个领域有哈工大的有思想、有技术，有贡献的权威科学家，有多少国际合作项目是我们参与领导联合攻关的，又对人类社会或整个世界在文化上产生了什么样的积极影响？如果我们能好好地思考和回答这些问题，并理解科学本身并不是要带来利益或实用，而是追求真实和对人类精神的张扬，是一种文化现象，让人类在更高的地方看世界。理解真正的思想绝不哗众取宠、张扬煽情，不会肤浅和庸俗地追求实用功利，却以朴实无华、逻辑严谨、深邃独到的探究在最深处反映人类本身的命运。如果我们能够接受这些理念，并安下心来好好地培养世界一流的有想象力和创造力的科学家和思想家，无论从认识世界上还是从精神文化上都对人类社会做出贡献，我们就会自然而然地被世人很好地承认。

2. 办学制度上，坚持"与智者为伍，与善者同行"，扩大"走出去，请进来"的国际交流与合作的机制来吸引外部资源和培养内部人才

侯明在攻读博士期间每年都要参加至少两次不同的国际会议来宣讲自己的研究课题，与国际同行进行学术交流及听取其他学者对自己研究方法和结果的反馈。后来他与本专业的其他研究生同学们一起，自己组织每年一次的在美国和加拿大东部地区几所高校的学术交流年会。在每次准备、参与、交流的过程中，侯明从中学到了包括逻辑思维、语言表达、实验设计、检验方法、数据分析等诸多方面的知识和方法，对他增强理论基础、加深课题理解、开阔学术视野、拓展想象空间起到了非常积极的作用。这些国际交流为他后来在工作及领导岗位上有效地参与及主持在不同领域和不同国际组织间的交流与合作打下了坚实的基础。这些与诸多领域的国际权威在一起主持国际的交流与合作的经历使侯明深切地感受到人是社会性动物，环境影响人的世界观、人生观和价值观，也影响人的思维、情感和行为模式。与这些智者为伍，自己的能力、思想、思维，甚至人生境界都得到了提高和升华。侯明曾经听到一位加拿大大学的教授在考察了中国南北方的几所知名大学包括母校哈工大后对学生们英语能力的评估，这个评估对哈工大学生英语口语能力的评价并不高，所以侯明强烈建议学校形成更加强有力的"走出去"的机制，一定要资助硕士生、博士生，及青年教师多走出国门，鼓励他们定期参加国际会议并宣讲自己的研究课题，来开阔他们的视野、培养他们的能力、训练他们的思维。另外，侯明以他自己作为美国麻省理工大学（MIT）访问科学家的经历，建议母校聘请一些世界知名的科学家做客座或访问教授，对他们不要有任何在科研项目或发表论文等方面的功利性的要求，只是提供一个安静宽松的学术交流环境，让这些科学家的思

想自由驰骋,来点燃母校学生和教师对科学探索的激情并开拓国际视野。也只有在这样的不受外部因素干扰的安静的学术环境里才有可能培育出有人文情怀的科学家和思想家。另外,侯明也建议母校应该更加积极地参与组织大型和知名的国际会议等学术交流活动,把国际学者们请进来,一方面进行学术交流,给哈工大教师和学生们提供更多接触国际学者的机会,另一方面探索国际合作的可能,还有就是宣传母校,让愈来愈多的国际学者了解哈工大、帮助哈工大、一起建设哈工大。这也是一个把哈工大建设成一所具有国际视野与国际格局一流大学的好途径。为此,侯明已经把一些国际知名学者介绍给了母校,也把母校的一些学者请进了他所负责的一些国际学术团体中,他也希望能有更多的海内外校友按照类似的模式一起努力,帮助母校多与国际知名学者及学术组织进行高质量、高水平、高成效的学术交流。

3. 培养学生的宗旨:工程师、科学家、企业家要有文化、人文情怀和社会责任感

教育的本质不仅在于教书、传授知识,更在育人,正所谓"传道授业解惑"。侯明获得博士学位的加拿大多伦多大学除了培养了很多国际知名人士(像我们熟知的白求恩大夫)以外,还培养了10位诺贝尔奖得主,这些在自己的学术领域取得了举世瞩目成就的学术泰斗对人类社会做出了巨大贡献,但他们从没有为自己牟利,或只把自己局限于自己专业领域的狭小范围内,反而热衷于为他人和社会服务。侯明记得在多伦多大学攻读博士学位期间与1986年诺贝尔化学奖得主John Charles Polanyi教授接触过的小故事。当时在他参与的一次研究生们介绍自己研究课题的海报展览上,Polanyi教授就应邀作为评审委员之一来到展览会上参与进行评比,他认真地看了每一张海报,并询问了参展的学生很多问题,在结束时他不但没有

说这些小事情占用了他宝贵的时间，反而感谢主办方和参与的研究生们给予他机会让他学到了很多不同学科的新知识，并开阔了他的视野。这件小事说明了 Polanyi 教授的谦逊、责任感和乐于助人的人文情怀。希望母校能更多地鼓励有成就的教授们多多参与类似的学生活动，甚至制定相关的制度，不仅对学生们的专业给予具体的指导和帮助，更要在精神层面上鼓励青年学子，要有为他人服务的人文情怀。另一件事是，侯明的多伦多大学校友、他的工作单位的创始人班廷爵士 (Sir. Frederick Banting) 在获得了 1923 年诺贝尔奖后，取得了胰岛素的专利，当时有企业要出巨资购买他的专利，他不仅拒绝了，而且把他胰岛素的专利无偿地献给了社会，至今快 100 年了，拯救了无数人的生命。每当在办公楼里见到他的雕像，侯明就会意识到：他不仅是一个科学家，更是有人文情怀和社会责任感的思想家，作为加拿大十大伟人之一，他也是社会的楷模和多伦多大学的骄傲，更是加拿大对世界和人类社会做出的一份贡献。也难怪今天的世界一流学府在招收学生时都极为看重学生有没有为他人或社会做了什么有益的事情。学习成绩固然重要，但如果一个学生只是学习成绩好，没有对他人或社会做出任何有益的事情，就很难被录取。相反，学习成绩优秀的学生，如果有为别人或社会做出贡献，如自己的家人、学校的同学或老师，或社区及社会的事务，甚至其他国家的人和事有所帮助或贡献，那被录取的机会就会很大。归根结底，这些国际一流大学更注重培养学生的人文情怀和社会责任感。另一方面，根据侯明多年在不同的国际组织的工作经验，他认为在今天的科学和技术高度发展、发达以及在很多情况下需要团队一起朝着一个共同目标努力工作的时代，培养一个人的团队合作能力对他在专业领域的成功十分重要。以他自己的专业为例，人机工程是一个高度交叉的学科，涉及自然科学的很多分支和更多的先进技术，不靠团队协作而只靠自己努力很难成功。尤其是与一些不同专业学术背景、生活在不同语言文化环境、不同社会制度、具有不同思维习惯等的团队队员一起工作或领导这样一个团队朝着一个共同的目标前进，不仅自己的头脑要清晰，业务要过硬，还一定要有团队合作精神、为别人服务的情怀及领导能力。这样才能以一己之力带动整个团队为社会做出更大的贡献。

作为哈工大加拿大校友会的名誉会长，侯明参与组织了校友会的工作近 20 年。20 年来校友会的工作经历有欣慰，欣慰的是新来到加拿大的校友们知道有这么一个"家"或"组织"，不会像他 20 多年前初来加拿大时找不到任何人那样"孤单"，校友会的工作也蒸蒸日上，但是侯明也看到了一些很严重的问题。校友中有很多热心集体活动、甘愿奉献的积极分子，但也有一些校友是被动参与，没有主人翁的意识来把自己当成"家"的一分子；还有相当一部分人只是甘愿做一个旁观者，不愿意出来帮助别人，或为别人奉献什么；也有个别的"精致的利己主义者"别有用心，来校友会是想利用校友会的资源为他们自己谋取私利。诚然，每个人都有自己的具体情况，但与国内其他一些高校在加拿大的校友会或者其他一些族裔（像印度等）的移民组织相比，我们哈工大的校友还相对缺少在社会上勇于担当的能力和作为。加拿大三级政府和世界 500 强中印度裔高管远超华人的原因，不仅仅是因为语言，更多的是其背后的文化因素及其所承载的人文情怀。如果说学位或职位代表一个人的身份的话，那么品格和修养就是人的第二身份，人们同样会以此去判断一个人。未来一个人的成功，不仅需要有足够的知识和能力，还需要有足够的文化、视野、魄力，以及担当。所以侯明强烈建议母校一定要兼顾对学生在两个身份上的培养。哈工大人一定要跳出理工科的思维惯性，作为"产品"所培养的学生不能只安于做一个技艺精湛的能工巧匠，更要有人文情怀、正义感和社会责任感，强调培养与人相处的良好习惯和作风，以及做对别人和社会有用之人，这样我们就会认识到自己的社会价值，得到别人的承认和尊重。尊重是自己努力赢得的，不是别人做好事给予的。母校培养出的工程师、科学家和企业家校友们要有对小到校友会、大到社会的回报意识，勇于担当社会责任，匡扶社会正义，积极参与社会公益事业，主动承担社会公共义务的"人品"。

综上所述，西方人对其他文化不屑一顾，更不愿意学习。而我们自从20世纪初的"洋务运动"开始，自己的文化被轻视、被丢弃，国人极其谦卑、热衷甚至自卑地学习西方文化，却只是注重肤浅地学习在技术层面的表面东西，而没有很好地学习驱动这些技术发展的深层次的源动力：科学、思想和文化。

"十年树木，百年树人"，建设多所世界一流大学，中国的高等教育还有一段路要走，绝不是"弯道超车"就可以在短期内解决一切问题的。但是我们也一定要看到中国近几十年的快速发展，中国人正在很快赶了上来，在国际舞台上甚至在某些领域里正行走在人类文明发展的前列。中华文化可以不再只仰望西方文化的背影，而是以更开放宽广的心态，更前瞻的视野，与西方国家一起甚至领导人类为构建一个未来文明形态更多地做出自己在文化上的贡献。正如经济和军事能让一个国家变得强大，而文化和精神却能让一个国家变得伟大一样，科学和技术能让一个学校变得强大，但只有文化和精神才能让一个学校和民族变得伟大。只要我们不盲目地攀比，去排名次、论辈分、讲功利，而是在培养工程师的同时，注重培养具有人文情怀和社会责任感的科学家、思想家和企业家，在培养"产品"的同时更加注重培养"人品"。什么时候中国高等院校包括哈工大能培养出大批对人类文化有所贡献的社会栋梁之材，我们就可以不需要别人的承认而自信地告诉世人：我们就是世界一流大学了！

最后侯明再次感谢母校哈尔滨工业大学培养了他的认真务实、精益求精、吃苦耐劳、勇于探索的个人素质和乐于助人、服务社会的人文情怀，以及在科学、哲学和艺术观上的启蒙，使他能够在不同的国际舞台上带着中国文化，把他所承载的点滴的中华文化精神体现在他的学识和思想之中，并以华人的聪明才智和勤奋努力展现了一个黑眼睛、黑头发、黄皮肤的当代中华儿女在精神上、思想上和文化上的风采。不管哈工大什么时候成为世界一流大学，母校在侯明的心目中都是世界上最好的、最温暖的精神家园。

徐开宏

哈工大人在海外　HAGONGDA REN ZAI HAIWAI

HARBIN INSTITUTE OF TECHNOLOGY

　　徐开宏1986年9月进入哈工大供热通风空调专业学习。1988年9月任兼职辅导员。1990年9月保送本校水力学专业硕士研究生。1993年3月至1995年3月就职于上海市建委研究院，任热负荷软件开发技术负责人，并参加了上海金茂大厦88层、上海证券大厦等大型项目的建设，促成了金茂大厦中、美合作协议的签订。1994年1月公派赴美国学习和考察。1995年1月至12月任中建总公司上海房地产开发公司项目经理。1996年1月自费赴澳大利亚攻读工商管理硕士。1998年9月就读于多伦多大学经济系。1999年12月任ITtrain咨询公司总经理。

　　2000年1月起先后创办了加拿大阳光教育集团、加拿大阳光沃顿学校、加拿大POWER地产发展有限公司、加中教育交流协会、美国HUDSON集团，并担任董事长和会长。20年成功办学创造了很多教育奇迹并改变了人们的思维方式和理念。2002年3月至2004年4月曾为北京新东方海外合伙人兼董事长。两次参加了加拿大国会议员竞选使他成为华人参政的领军人物。中央电视台、新华网、《北京晚报》、广东电视台、加拿大主流媒体等多次采访报道过徐开宏。

情系教育　引领创新　主流尊敬

想去哈工大读书这件事，对于徐开宏来说，是早有"预谋"的。

1986年7月，徐开宏参加了高考，在考前填志愿时，他在心中已经定好了两所理想的大学，一个是坐落于北京的某所中国数一数二的名校，另一个就是哈工大。

最终徐开宏还是来到了哈工大，1986年9月，徐开宏离开南方的家乡，来到北方求学。

作为南方人的徐开宏一开始对哈尔滨的气候不太适应，导致他开学后病了很久。所幸那时候的他还很年轻，适应能力不错，到大一的第二学期，他已经完全适应了北方的干燥环

徐开宏获奖第十届杰出华商奖

中央电视台采访徐开宏

境,并爱上了北方的饮食,完成了从入学时的南方小瘦子到身高体壮的北方人的蜕变。

在哈工大求学期间,徐开宏学习很认真,他几乎从不迟到、不旷课,也一直保持了不错的成绩。学习之余,他还积极参加了学校多项课外活动,从篮球、排球、乒乓球等各项体育活动,到吉他、声乐、书法、跳舞等文娱活动,样样都落不下兴趣广泛的徐开宏。

徐开宏大一的时候就展现出了对教育事业的兴趣。当时,哈工大的很多同学都热衷于当家教,去辅导高中生或初中生来赚取一些生活费用。徐开宏当时就想,怎样才能用自己的智慧让更多的同学受益,也能赚更多的钱？大一的暑假，他创办了自己的高考英语补习班，自己画海报、招生、编教材，自己当主讲老师。当时还真的招了不少学生，也赚了不少钱。这也为徐开宏日后的创业积累了一些经验。

徐开宏刚读本科时，何钟怡教授刚刚从哈佛大学归国任教不久，何钟怡教授是徐开宏在哈工大认识的第一位老师，也是他印象最为深刻的老师之一。徐开宏对何钟怡教授的博学十分钦佩，以至于大学本科的四年中，但凡是何钟怡教授的讲座和会议，徐开宏都逢场必到，也正是因为如此，1990年6月，徐开宏被保送本校研究生后，毫不犹豫地选择了何钟怡教授所在的水力学及河流动力学教研室读研。当时徐开宏所在的本科专业供热通风供燃气是全国第一个博士点和博士后流动站，除了何钟怡、徐邦裕、郭俊、陆亚俊、廉乐明、魏学孟、刘鹤年、王慕贤、孙德兴等著名教授外，专业课的老师们也都是业界传奇。除了本专业的名家外，聆听跨专业的教授报告也非常重要，王光远、沈世钊、王宝贞等院士的讲座他就听过很多次，这些都让徐开宏受益匪浅。

在哈工大六年多的读书时光，让徐开宏从一个懵懂无知的少年成长为豪气干云的优秀青年，以至于他至今还深深留恋着那段青葱岁月。

远赴北美

1993年3月，徐开宏硕士毕业，怀着满腔热情踏入社会。

一开始，徐开宏找工作并不是很顺利，在南下深圳转了一圈之后，他又回到了他的出生地上海，毛遂自荐求见了上海某行业数一数二的单位的人事科科长，并投递了一份自己的简历。

科长看了徐开宏的简历后，觉得他研究生所学的专业太过"精"和

新华社新华网专访徐开宏（左二）

"专"，当场给出了否定答案。就在此时，戏剧性的一幕发生了，在科长的拒绝声中，处长走了进来，并且在与徐开宏交流了几分钟后，决定接纳徐开宏。

这份工作对于徐开宏来说，是命运的垂青，当时他在农村插队的父母还没有办好返沪的手续，他能够有机会首先回到上海工作是一件很不容易的事情。

在刚刚上班的头两个月，徐开宏这个"职场小白"还没有资格去参与具体的项目，也没人告诉他该做什么事，他能做的就是每天不迟到、不早退，帮办公室搞卫生、打开水、发报纸。两个多月的勤恳工作，给大家留下了"踏实肯干"的好印象。

徐开宏英语不错,当时单位业务涉外项目比较多,于是大家在出去谈项目的时候都带着他做翻译,他也做得很棒。有一次,他有机会参加金茂大厦88层的巨额合同谈判,虽然英语口语没有北外和上外英语毕业生那么流畅,但是却发现了合同当中影响交易是否能达成的一个关键英文单词,并促成了合同的顺利签署。

工作了三个月后,徐开宏就获得了去美国学习的机会。那一年,徐开宏单位一共进来了78个本科生和7个研究生,而徐开宏却是唯一一个被选去美国的新人。当年赴美签证还是十分严格的,特别是对于徐开宏这样刚刚工作三个月并且没有成家的人来说,更是难上加难,不过徐开宏运气非常好,最终还是顺利地拿到了签证。

第一次出国让徐开宏印象深刻,甚至至今他还记得当时的很多细节:坐的飞机是美联航,旧金山的计程车是林肯豪华轿车,马路上的乞丐穿着也都不差,纽约肯尼迪机场比上海虹桥机场要"高大上"很多,金门大桥、双峰山、加州的海边公路、好莱坞、迪士尼、曼哈顿、艾丽丝岛、帝国大厦等等都令他惊叹不已。这些新奇的印象让他在那一刻在心里埋下了出国留学的种子。

那次公派出国两年后,徐开宏决定自费出国留学。

学习和创业

1997年7月,徐开宏来到多伦多,在多伦多大学就读经济系。当时在加拿大的华人一半在读计算机,一半在读会计,他在多大学经济实属异类。的确,计算机编程和会计这两个专业可能更容易在当地找到合适的工作，但是这两个专业都不是徐开宏喜欢和擅长的，他自费出国留学并不是为了工作，而是为了梦想。

1999年，徐开宏迎来了人生和事业的转折点。那年，徐开宏的太太从国内来到多伦多并要申请工商管理研究生，但是申请需要考托福和GMAT，而在多伦多既找不到托福和GMAT材料，也没有相关的培训机构，这让出生于经商家庭的徐开宏感觉到了商机，因为当时在多伦多有这样需求的人还有很多。

很快，徐开宏就在多伦多创办了英语培训学校，主要教授托福和GMAT课程。

在多伦多做托福培训，考试的方式和国内完全不一样，培训的方式也无法从国内借鉴，所以徐开宏就自己编写教材，并亲自上讲台，把考试的精髓准确地传递给学生。

随着别具一格的授课方式被口口相传，徐开宏的培训学校大获成功，

徐开宏给北京大学学生做报告

导致其他人也看到了这一块的商机，于是纷纷效仿，托福、雅思等各类培训班如雨后春笋纷纷冒了出来，但是教书的确是个智力活，并不是每个人都能做好这个看上去简单的事情，所以时隔不久大多数培训班就办不下去、销声匿迹了。

在办学的过程中，徐开宏发现多伦多国际留学生不少，但对学校满意的不多，于是他的国际学校业务应运而生。跟之前办培训班的处境一样，那个时候大家都以为做国际教育很赚钱，于是懂的和不懂的人都一拥而上做国际教育，恶性竞争由此滋生，带来的压力也越来越大。

面对恶性竞争，徐开宏并没有跟风，而是为了学校的可持续发展，很有前瞻性地用最初的原始积累在多伦多的黄金地段购置了土地并完成了规划的变更，建立了多伦多地区规模最大的全封闭贵族学校。

加拿大阳光学校全封闭贵族校园

当时在国外申请土地贷款非常困难，徐开宏想尽了一切办法，在非常艰难的情况下拿到了贷款。此外，当地对土地规划变更的规定也相当严格，想要置地，需要面对规划专家、规划律师、环保专家、噪音专家、交通专家、政治家、居民、法官等多方面的谈判，阻力大到令人绝望，但徐开宏一直没有放弃，坚持到了最后，顺利买下了地处多伦多黄金商圈的土地，为国际学校的长足发展奠定了基础。

感悟点滴

几年前，徐开宏又回到了他喜欢的曼哈顿开展事业，时光荏苒，他已经从哈工大毕业近30年了，多年来，在哈工大的求学经历都对他的工作和学习产生了莫大的影响。作为哈工大的优秀校友，在北美摸爬滚打多年后，徐开宏也悟出了一些人生经验：

第一，要勇于挑战和测试自己。

人在太年轻的时候往往很难发现自己擅长什么，也很难知道自己能够做什么和做成什么，所以他们就得摸索和走弯路。摸索就得有勇气，走弯路就要不屈不挠、不怕吃苦。

徐开宏就是这样一个善于动脑筋、善于发现和探索，敢为天下先的勇者。

大一时，别人都在做家教，他就能想到开补习班；在多伦多重重困难的情况下开办国际学校；2010年，他还为了测试自己到底有没有感召力，在对国外的政治不很了解的情况下，参加了多伦多市议员的竞选，并在短短的一个月的时间内拿到了25%的选票；再后来，在海外不少华人还不是很明白国外的意识形态是怎么回事的时候，他已参加了两次国会议员

徐开宏和加拿大前总理哈珀在交流国家预算

的竞选;为了衡量自己思考问题的方式到底是否有问题和需要改进,他在朋友的公司没有合适律师上庭辩护的情况下,临危受命,上法庭成为主辩,法庭的表达和逻辑均得到了法官的高度评价。

这些都是他勇于面对挑战的体现。

第二,徐开宏觉得,了解自己的强项,做自己擅长的事,这点非常重要。

每个人都有天赋,也有短板。作为理工科学生,大学里徐开宏学得比较一般的课就是 FORTRAN 编程。在上海搞两年技术后,单位全面推广计算机绘图软件 AutoCAD,他做的第一件事就是辞职,去了地产开发公司当项目经理,做居民的动迁工作时他就很兴奋。

到了美国和加拿大,所有的男士在学习专业上基本都是能改计算机就改计算机，徐开宏在多伦多大学试了几堂JAVA课后，觉得相对经济课而言，他对计算机编程并不很感兴趣，最后他的成绩也证明了他最后学经济的决定是正确的。

徐开宏说，智慧的人总是在充分利用自己的强项，照顾自己的短板或者是放弃自己的短板。但有的人却是一辈子都在想提高自己的短板，忘记自己的强项，结果取得的成绩就不会那么多。

第三，关于按部就班和不按常规出牌问题，徐开宏也有自己的见解。

有计划地做事是非常重要的：制订每日计划、每周计划、每月计划等等。这样才能够有效率地做事和不忘记要做的事，给自己做一个备忘录，尤其是善于忘事的人更要这么做，每件事都应该有个截止日期，精力最充沛的时候去做和思考最困难的事，不要让小事牵扯过多的精力，累的时候就去做一些简单的不需要动脑子的事和体力活作为一种放松，做项目也得有市场调研和可行性分析。

但是，做事和思考有时也得别具一格。理论和书本知识固然重要，但是事情的变化有时实在太快，有的事情没有前车之鉴，就需要我们有勇气、眼光和直觉，边做边调整打法，学会逆向思维，这就是不按常规出牌。不按常规出牌不等同于蛮干，直觉和悟性在其中起到非常重要的作用。不按常规出牌的人不容易被人理解。

按部就班和不按常规出牌有机地结合对我们做成事很重要。

第四，学习成功人士的强项非常重要。

读书很重要，但是读书得花时间。徐开宏工作后很多时候都非常忙，最近大家讨论的"996"他也深有感触。但这也没办法，实际上，早九晚五很难成就大的事业。

对此，徐开宏觉得，没有时间去读书，也得想办法挤时间去读，恶补知识非常重要。另外读什么书和什么人写的书也很重要，比如要提高理论水平就去读理论工作者写的书，要提高实战能力，就去读一些成功人士写的书和他们的传记。要想做好企业，就得读一读成功企业家的书。取各家之所长，培养自己的思辨能力和学习能力，并超越之，就是读书的意义。

以上这些感悟是徐开宏 30 年奋斗积攒下的宝贵经验，离开哈工大 30 年后，他还铭记着母校的培育之恩，在哈工大建校一百周年之际，希望用这些经验告诉所有校友：成功的道路有很多条，不同的人对成功有不同的定义，找一条适合自己的路非常重要。付出了百分之百的努力虽然不一定会成功，但是人生不会因此而留下遗憾。

哈工大人在海外 — 李文凯

HAGONGDA REN ZAI HAIWAI

HARBIN INSTITUTE OF TECHNOLOGY

  李文凯1987年从哈三中毕业进入哈尔滨工业大学，出色地完成了自己的学业；1993年从哈尔滨闯到北京，成为职业经理人充分证明了自己的实力；2005年从北京移民多伦多，在异国他乡创建自己的公司，在挑战中完善自我。其中包含太多汗水、太多付出和挑战，最终胜利了，走过去了。这里有他的故事以及他对自己人生的感悟。

从哈尔滨到北京再到多伦多

对于初到加拿大的新移民来说,大多数人着手办的第一件事就是去买车。在加国拥有一辆车,不论是新车或是旧车,都能让你工作学习事半功倍,也能让你业余生活丰富多彩,阅遍好风景。

不过,大部分人应该都没有想过,当他们享受着速度与激情的时候,有一群人却默默守护着他们的爱车,为他们保驾护航。哈工大校友李文凯就是这群"守护者"的其中一员,在加拿大多伦多,李文凯有自己创办的二手车车行,做旧车买卖和维修工作,为大多伦多地区的居民提供全面旧车保修、保养等相关综合服务。他作为一名汽车专业维修技师、专业汽车采购人员及车行的管理者,与他的团队一起,努力为多伦多华人服务,为多伦多大社区服务,争做华人最贴心的二手车车行。

多伦多开明车行图片

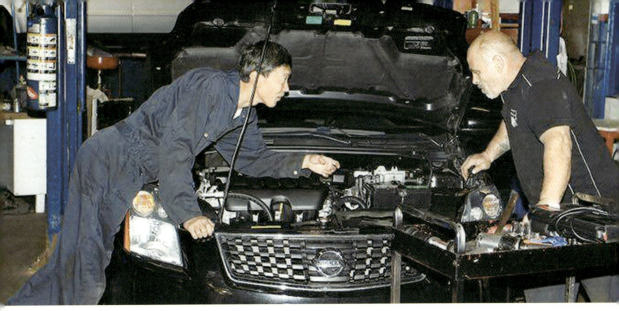

与同事一起研究汽车维修方案

李文凯出生在哈尔滨市，曾就读于哈尔滨市第三中学。1987年考入哈尔滨工业大学，就读于哈尔滨工业大学机械工程专业。

1993年，从哈工大毕业两年后的李文凯曾在北京对外经济贸易大学研究生部进修国际贸易。1996年李文凯在北京参加工作，曾担任国内大型连锁商业集团北京总部高级经理、副总经理等职务，2005年以后才与妻子定居多伦多。

在国内接受的教育及职业发展的历练，为他在国外创业成功预备了足够的信心和能力。李文凯以技术移民身份来到多伦多，开始了移民生活。像所有新移民一样在踏上加拿大土地时便要开启人生旅途崭新的一页。他确定目标做汽车维修技师是从2006年开始的。这一年，他们首付了几万加元买了一个镇屋和一部旧车，完成了家庭的初步安置，这也花掉了他们的全部积蓄。这时家里大儿子刚出生不久，在刚刚享受了移民、迁居、生子的快乐之后，面临的实际问题和挑战也摆在面前。首先需要就业，从事什么工作，怎样开始？一切并不能容你多想。他一边在仓库里做搬运工，一边通过夜校学习筹划自己未来从事的职业。需要尽快适应新的环境，又要为自己的未来选对方向。

新移民在最初的安置阶段是艰苦的，正如许多来自中国大陆的新移民戏称的那样，移民生活是洋插队，一点都不为过。

进入北美汽车维修行业

2006年初的一场车祸最终促使李文凯选择进入了汽车维修这个大行业。当时那场车祸造成了他的车辆一侧两个门及门框受损，对方车前保险杠受损，维修费用高达一万七千加元，比他当时购买的这部旧车车价还贵，虽然大部分费用由保险公司赔偿，自己根据保险条款仅付很少部分，但这件事让他认识到，在国外养车与维修车的费用在一个家庭开支上占很大的比重，从事汽车相关工作会有较好的职业前景。

有了理想又得到政府的资助，很快梦想成真。李文凯深深表达了对加拿大福利制度的感谢，加拿大政府相关就业辅导中心在他移民之初，为他提供了非常大的帮助，在评估了以前的学历和工作背景之后，政府相关部门批准他进入了一个专门学习汽车维修的职业培训中心，政府给予他学费全免及生活费部分补助。通过培训，他对加拿大汽车维修行业有了初步了解，系统地学习了汽车维修理论和原理，他经过半年多的努力学习以优异成绩毕业。毕业后他成功地进入汽车新车4S店工作，在工作过程中努力向老师傅和同事们学习，钻研维修技术要领，同时业余时间准备汽车维修技师的职称考试，终于在2008年初获得了加拿大持牌汽车维修技师证书。

李文凯在学习和工作中需要大量翻阅与汽车相关的英文资料和书籍，查阅维修手册和方法等，从事汽车维修工作一晃就是十多年。总的感受是汽车源于国外，国外关于汽车维修方面资料的完善化与系统化让人惊讶。不论是汽车维修理论的完善性系统化，还是汽车维修手册的完备与指导作用，再加上汽车维修软件的精确与严谨，这些都为那些想要在汽车行业大展宏图的人准备了充足的条件。李文凯的另外一个很大的愿望就是希望有一天把自己阅读过的专业汽车维修书籍以及在工作中总结的经验交流给国内的同行朋友们,让大家一起进步。

2008年获得加拿大安大略省汽车维修技师执照

在海外创办自己的公司

经过自己的努力,他成功成为一名汽车维修专业人员,但是,这些进步并不能替代他希望拥有自己的汽车维修和销售公司的强烈愿望。在多伦多4S店工作了两年以后,经过一番思想斗争,李文凯决定辞职,注册他自己的汽车服务公司,专门帮助新移民的华人朋友购买旧车。他帮助寻找车源、提供接送服务等,一切做得有声有色。在经营这个公司的两年时间里,他去过几百间大大小小的各种车行,向已经入行的人学习,了解整个行业的状况。同时也在寻找自己开实体店的机会。功夫不负有心人,他终于经过很长一段时间的选址,在2011年选中了一间空出来的车行,创立了自己的公司——多伦多开明车行。虽然在车行做维修有了几年经验,但在开了车行以后才发现经验远远不够,面对汽车各种问题,边摸索边学习边总结,比别人花更多时间和体力,很多时候工作到半夜。

经过几年的经验积累,他个人的维修水平得到很大提高。车行的规模也在扩大,维修工作永远都会面临着挑战。2013年前后政府推出新的政策,要求旧车买卖时需要拿到尾气合格证书。旧车开过了十万公里后发动机的各个管理系统开始出现问题，汽车尾气出现问题往往是由于汽车发动机管理系统部件老化出现了故障而导致的。对于任何维修人员来讲维修诊断需要经验和水平，特别是他的车行采购的车辆行驶里程大都超过十万公里，几乎一半的车需要准确诊断和维修才能通过检查获得证书。在之后的两个月里，他带领他的技师团队连续攻坚，解决并总结了处理汽车尾气故障的诊断与维修方法与要点，问题得到解决，车行整体技术水平上了一个大台阶。他们还与同行的华人师傅们相互交流经验与信息，共同进步。

华人新移民创业的楷模

开明车行作为政府许可的专门汽车买卖维修的零售商，经过多年努力成为集旧车买卖、维修、汽车用品销售、汽车人员培训为主要业务的综合车行。

多伦多开明车行部分车辆展示

车行在 2014 年作为新移民创业企业代表接受电视台采访，同年年底经过激烈角逐，企业获得加拿大新时代电视台新枫采 2014 年度最受观众喜爱的个人与家庭创业奖。

北美的汽车行业非常成熟和完善，是优胜劣汰的典型代表。打造店铺核心竞争力是永远的主题。他的车行设立汽车销售部门和维修部门。维修团队敢于挑战解决从机械故障、电路问题、发动机电子元件故障到整个发动机的大修和更换等方方面面的技术问题，这让他们的综合能力得到提升、获得优势。在体系保障方面，他们同北美最大的保修公司建立长久和有深度的合作关系，成为其体系下授权的保修公司，专门为旧车提供包括发动机及动力传递系统在内的全面保修服务，这样也为车行售出的车辆提供了坚实的保障。在服务上力争做到客户百分百满意。注重口碑、创建品牌，形成独特的核心竞争力。车行完成了系统化、规范化、标准化的建设，为企业发展奠定了坚实的基础。

李文凯在创办车行以后一直关注整个加拿大汽车市场的发展状况，加拿大是一个拥有百年历史的成熟发展的大市场。经过了长时间的行业发展，在行业协会统一管理下，形成了从装配厂到新车车行，从成熟的旧车拍卖行到二手汽车销售公司，从汽车销售到维修服务，从汽车的金融租

获得加拿大新时代电视台新枫采 2014 年度最受观众喜爱的个人与家庭创业奖，与家人合影

赁业务到汽车的全面质保体系的建立，一切都是那样完善。从而实现了行业的发展、自律和规范。这恰恰就是当今我们中国整个汽车行业要学习的地方。可能中国的汽车市场正处于起飞前的时期吧。他和他的团队非常期待中国的车企能够进入加拿大，希望有一天加拿大的华人在国外开上自己国家的品牌车，他们这些在国外为汽车行业工作的人能够为自己国家的企业发展贡献力量。

积极参与华人社团活动

李文凯在自己发展生意的同时也积极参与各种社会活动，曾经作为嘉宾参加多伦多华人就业指导中心——多伦多华咨处的公益活动，向更多想要创业的年轻人介绍行业情况和创业经验等。作为北美汽车维修持牌技师及汽车专职采购人员，他多次接受电台和媒体采访，制作节目向观众和听众讲解汽车购买和维修保养等知识。2016年底同一些在多伦多做生意来自黑龙江的老板创建成立加拿大黑龙江总商会，他作为商会创会理事之一，负责商会会员活动等工作，商会活动有声有色。加拿大黑龙江总商会的全体成员愿意与来自祖国各地，特别在黑龙江生活、工作、学习过的商界朋友，以及计划来加拿大从商或投资的朋友们建立广泛的联络，商会介绍多伦多本地情况，提供资源对接，欢迎更多朋友加入商会大家庭。作为加拿大黑龙江总商会的理事，他积极参与多伦多华人社区活动，与广大在加拿大创业成功的人士一起展现出来自信与乐观。

李文凯总结自己在国外创业取得的成绩时，特别提到离不开母校对他的教育和培养，尤其是在哈工大学习阶段。他本科专业是机械工程设备与制造，毕业以后在商业管理和贸易领域工作了多年，在移民多伦多以后重新回到与机械专业关联密切的汽车销售与维修服务业。在汽车维修这一领域要想把工作做好需要工匠精神，要把汽车的安全、客户的安全放在首位。既要有工程师的强大理论基础,又要有技师解决问题的实践能力与经验。

李文凯在多伦多的重要活动之一就是积极参加哈工大加拿大校友会的各种活动,校友会是多伦多校友们聚会、交流、互助的重要平台。随着各种活动的开展,更多校友找到组织,通过参加活动、彼此交流信息增进友谊。真的是走遍半个地球,最亲还是校友。在多伦多许多重要的社区活动中,他都会遇到众多在各行各业打拼并取得成功的优秀哈工大校友,他真心为自己及校友们取得的成绩感到高兴和自豪。愿多伦多的校友会越办越好。恰逢母校哈工大百年华诞之际,李文凯开办的多伦多开明车行也成立九年多了,他愿意把自己在多伦多的创业故事作为一份成绩单交回母校。丁香花开,愿校友们的创新创业之花开遍全世界,展现出哈工大人求真务实、规格严格的精神风貌。

多年的打拼让他在多伦多过上了稳定的生活,每逢节假日,李文凯都会带全家出行去钓鱼,钓鱼已经成为他非常喜欢的业余爱好。加拿大环境保护

与加拿大黑龙江总商会企业家们合影

与哈工大加拿大校友们合影

得好,湖泊众多,鱼类品种繁多,肉质鲜美,整个加拿大都是垂钓者的天堂。在购买鱼牌并遵守法规的基础上就可以享受钓鱼的乐趣。在钓鱼过程中可以划船湖上或坐在岸边,静静享受加拿大美好的自然风光与简单质朴的田园生活。安大略省著名的温莎钓白鱼的底特律河畔,每年5月左右白鱼蜂拥而至,他会约上几个好友,愉快地度过一个周末。生活永远会奖励那些勇于创业拼搏的人,不论身在何处。

陕晋军

哈工大人 在海外　HAGONGDA REN ZAI HAIWAI

HARBIN INSTITUTE OF TECHNOLOGY

　　陕晋军，1993年考入哈尔滨工业大学航天学院，于1997年、1999年、2002年分别获得哈尔滨工业大学飞行器设计学士、硕士、博士学位。博士毕业后，他怀揣着探索世界、提升自我、拥抱未来的梦想与激情，开启了艰辛而璀璨的海外学术之旅。

　　2002—2003年，在香港城市大学任研究助理；2003—2006年，在加拿大多伦多大学航空研究所任博士后研究员；2006—2011年，任加拿大约克大学助理教授；2011—2016年，任加拿大约克大学终身副教授；2016年至今，任加拿大约克大学终身教授；2018年至今，任加拿大约克大学工学院地球及空间科学技术系主任。

加拿大航天领域璀璨发光的哈工大人

本篇将要登场的哈工大人,名叫陕晋军,博士,加拿大著名高等学府约克大学地球及空间科学技术系的终身正教授,并担任该系主任。在中国本土若要成为一位教授,尚且要披荆斩棘,历尽艰难险阻,那么陕晋军是如何在人才济济、竞争激烈的异国他乡,脱颖而出,在北美航天领域纵横驰骋,占有一席之地的呢?接下来,就让我们一起走进陕晋军的世界,探索他的光芒,以及那光芒背后鲜为人知的奋斗征程。

我因哈工大而自豪,哈工大为我而骄傲

陕晋军的研究方向为航天动力学、控制及导航。目前他争取到超过420万加元(约合2 100万元人民币)来自政府和企业的科研基金,这令很多在北美同领域的学者都难以企及。他先后在IEEE等知名学术期刊会议上发表论文150余篇。2018年,陕晋军获得了IEEE国际信息与自动化大会的最佳论文奖。通过爱思唯尔的科研管理工具SciVal分析,在"压电致动器和迟滞补偿"主题上,陕晋军发表的文章位居加拿大第2,北美第3,全球第12位;在文章引用上,他的文章被引用次数位居加拿大第4,北美第7,全球第21。

陕晋军的科研成果对加拿大航天事业的发展有着重要的影响。在2014—2018年期间，他领导了一个跨学科团队，成功开发了一种新型高精度、高分辨率的法布里－帕罗光谱仪，用于观测一些重要的大气参数以开展对气候变化的研究。该仪器分别于2016年9月在瑞典和2017年4月在澳大利亚成功地进行了高空气球飞行试验。该项技术/仪器为加拿大及全世界从事气候变化的研究人员提供了一种有效的研究途径。

陕晋军的学术成就在国际领域也受到了高度的认可。他曾获得著名的德国洪堡基金、日本学术振兴会基金，并获得加拿大约克大学工程学院卓越教学奖。他受聘为多个国际著名期刊的副主编，包括 *IEEE Transactions on Industrial Electronics*，*IEEE/ASME Transactions on Mechatronics* 和 *Journal of Franklin Institute*。他还是中国《航空学报》英文版的国际编

陕晋军在担任洪堡研究员期间和当时的德国总统高克合影

委。2018年,他当选为美国航空航天学会(AIAA)副会士,这是给予在航天工程领域做出杰出贡献的学者的极高荣誉。2020年,他还将担任国际 AAS / AIAA 轨道动力学专家大会的技术主席,这是世界上最重要和最负盛名的航天器轨道动力学学术会议。

胜利属于勤奋耕耘和决不放弃的人

光鲜的外表下总有一颗饱经沧桑,但依然执着、顽强、拼搏进取的心。提及他是如何在加拿大约克大学成为终身教授的,陕晋军依旧感慨万分。众所周知,作为一个没有任何北美教育背景的人,想成为一名北美著名大学的教授,无异于夸父追日。

2005年底,陕晋军在多伦多大学的博士后的合同即将到期,在此期间,他也在努力寻找其他工作机会,然而在几个月的苦苦寻觅之后,一份面试邀请都没收到,前途渺茫。他很清晰地记得,在申请约克大学的

陕晋军和学生在新建的无人机试验室

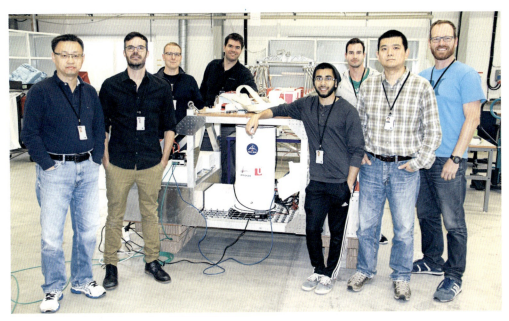

陕晋军和项目组成员在瑞典高空气球发射前合影

陕晋军和英国航天局局长在瑞典发射场合影

陕晋军和学生在澳大利亚高空气球发射场合影

加拿大高科技 Quanser 公司 CEO 一行访问陕晋军实验室

时候,一个刚刚在多伦多大学博士毕业的朋友直截了当地对他说:"你申请了也没有用,只是给别人做分母。""就算是真的做分母,那也得先试试再说。"于是,在大学里教书育人、醉心于科学研究的梦想化作勇敢前行的动力,他精心地准备了简历,毅然地提交了申请材料。功夫不负有心人,经历了层层严格的面试之后,他终于收到了约克大学的聘用通知。后来他才得知,之所以可以得到此份工作,一是因为他在博士后工作期间展现出的科研实力,二是因为在哈工大接受的培养、学术背景正好与他们的要求相契合。

我们经常说,万里长征迈出了重要的一步。迈出这第一步很难,但是,迈出去了这一步后才发现，后面的第二步、第三步，更是难上加难……

2006年7月1日，陕晋军以助理教授的身份正式入职约克大学，9月1日他就要去给学生上课。没有教学讲义，需要自己准备。没问题，挑灯夜战，2个月可以输出。但另外一个棘手的问题就是，他要站在几十个学生面前用纯英文授课。在哈工大求学时，陕晋军把大部分精力都放在了科研上，英语水平一般，从没考过托福或雅思。在国外任博士后研究员，对英语要求也不高。刚出国那会儿，读英语文章的水平还行，但是听说能力就是严重的短板。任博士后的第一年，他都不敢与人说话，怕人家笑话，就把自己全身心投入学术研究里。就在这样的情形下，现在居然需要他用一门不太熟悉的语言去讲课，你能否想象那巨大的压力下产生的恐慌？一节90分钟的课程，别人准备几小时，陕晋军就要准备几天。课前反复自我演练，逐个单词、逐个句子地重复，纠正发音。8:30开始的课程，别的教授踩着点到，他则提前半小时甚至1小时到达上课地点，以便能够在教室里产生的紧张情绪下演练讲课，以适应这种紧张的氛围。即使有了这样充分的准备，在最开始的几节课里，一切也不尽如人意。往往课程讲到一半，就因为英文表达不畅伴着由之而来的紧张而说不出话来，那时候他羞愧难当，想找个地缝钻进去，甚至急得眼泪就在眼圈打转，却还要故作平静，忍着内心痛苦的挣扎，强迫自己继续说下去……即使害怕下一节课的到来，也要反复给自己加油，鼓足了勇气、硬着头皮踏进教室，逼迫自己说出来，大声说出来，在所有学生面前说出来……课后，他也开始主动寻找各种机会提升自己的语言能力，看电视、听广播、和同事聊天……就这样，经过如此一番痛苦的锤炼，现在的他，在英语应用上已挥洒自如。2009年他被授予的约克大学工程学院卓越教学奖，就是最好的证明。该奖项由包括资深教授、学生在内的委员会评选产生，综合评估了授课内容的充分性、逻辑性，授课手段的创新性，授课激情等多个方面的内容。

有多少困难与挑战可以抵挡过迎难而上、不屈不挠的决心与努力？

乐观一些说，让人煞费苦心的英语能力的提升仅仅是让你站到了和其他当地学者一样的起点上，那么从助理教授到终身副教授，再到终身正教授，就更是一场旷日持久的、丝毫不能有所懈怠的、更要超出常人付出的、竞争激烈的战役。加拿大很看重人脉，它与个人工作能力往往构成了个人事业发展中的两把重要利剑。对于毫无北美教育背景的陕晋军而言，短时间内不可能像当地人一样建立起稳固的人脉圈子。所以，那就要磨砺自己的另一把利剑——学术能力。你可能听说过加拿大人是不怎么加班的。但是，身兼重任的华人学者，只能对那样有规律的作息视而不见。披星戴月是家常便饭。早晨最早亮灯的办公室，有他的一间；最晚离开办公室的人里，有他的身影。周一至周日，春夏秋冬，严寒酷暑，斗转星移。当时光从指间缓缓流逝，学术成果也在他那里逐渐累积。凭借着出色的学术成就、教学成果，以及对学校、专业领域的贡献，他通过了各项指标考核及各级委员会的评估，成功晋升。

2006年，他还是一个普通的、名不见经传的助理教授，10年后，他已成为北美终身教授。这绝不是一个奇迹，因为在那10年里，每一天，每一年，每一个脚印，都承载了梦想，有过委屈，有过彷徨，有过失落，但最终奋斗的汗水换来了内心深处平静的微笑，那是风雨过后的彩虹，那是树荫上方的阳光，那是一个奋斗的岁月结出的最灿烂的果实。

2018年，陕晋军凭借其出色的科研与教学成果，以压倒性多数通过约克大学系主任选举委员会投票，当选为约克大学工学院地球及空间科学技术系主任，成为首位华人系主任，也是历届最年轻的系主任。

吃水不忘挖井人

每每说到他的成就,陕晋军都不忘表达对母校哈工大的感激之情。他说自己在北美学术领域所取得的每个成就,都得益于哈工大的培养。

在哈工大的学习经历让陕晋军印象深刻。"当时我们一进入大学,就直接有专业教研室和我们对接,学习氛围非常好。看到老师们做学问,耳濡目染就学到了很多,不管是做人还是做事。我在哈工大待了整10年,我的学术生涯从这里起步。"他更是提起了自己的恩师,硕士和博士生导师,为人正直、学术严谨的刘暾教授。即使80多岁的高龄,刘教授也

陕晋军在希腊

陕晋军实验室成员夏日聚会

陕晋军和学生讨论研究项目

依然坚持每天上班,自己推导公式、编写程序。刘教授不但在航天科研上对他产生了深远影响,也将优秀的品质言传身教至陕晋军的思想里,使其终身受益。

怀着对母校的深厚感情,陕晋军如今和哈工大在学术交流方面有着非常密切的合作。除了学术上的合作研究,每年他还会为本科生讲授课程,从最初的全英文讲授"航天器轨道动力学"到现在的夏季小学期专业前沿课程,几乎从未间断。

如今,在加拿大的哈工大校友人数众多,仅在校友会注册的校友就超过 500 人。陕晋军自 2011 年起开始担任加拿大校友会会长直到 2019 年底卸任。在担任会长期间组织校友会校友开展丰富多彩的活动。校友会自 2017 年起开始举办春晚,每年参加人数有近 200 人。校友会还于 2018 年 1 月和 2019 年 4 月成功主办了第一届及第二届高校丁香杯排球巡回赛,每届参加人数超过 1 000 人,极大地提升了校友会在当地社区的知名度及影响力。2018 年 7 月,组织校友参加高校拔河比赛活动并获得冠军,并于 2019 年蝉联冠军……有人问他:"工作已经很忙了,为什么还热心校友工作、为此付出时间和精力呢?""这已经不能说是热心了,更多的是一种责任吧!我到加拿大的时间比较长了,有义务去承担一些事情。海外校友们身在异乡,都渴望有一个哈工大人的家。在校友会,校友们说得最多的一句话就是:'终于找到组织了!'这对校友们是有意义的,这就是我的责任所在。"陕晋军说。

组织 2018 年加拿大校友会春晚并与校友合影

带领加拿大校友会取得高校拔河比赛冠军

陕晋军于校友会 2019 年春晚讲话

哈工大加拿大校友会 2019 年春晚

陕晋军在哈工大2017年博士毕业典礼仪式上作为杰出校友代表发言

陕晋军和周玉校长参加第一届国际工程教育论坛

陕晋军和韩杰才副校长于哈工大

陕晋军和王树国校长一行在多伦多

陕晋军会长、邹越峰副会长探望旅居加拿大的老校友

陕晋军和中国、德国专家在卫星搭载项目签字仪式上合影

陕晋军和哈工大校友滑雪

结束语

有越来越多的学子到海外求学，谋求发展。但面对一个全新的环境，难免会有各种各样的担忧。陕晋军的例子告诉我们，在海外的新环境里，接受新的文化、新的规则，遇到困难决不放弃，并加倍努力，你也可以施展自己的才华，实现自己的人生梦想。

于 多

哈工大人在海外

HAGONGDA REN ZAI HAIWAI

HARBIN INSTITUTE OF TECHNOLOGY

  1996年任教于哈尔滨工业大学建工系（14系）视觉传达教研室；1997年赴美留学于Syracuse University（雪城大学）；1999年赴加拿大，后毕业于多伦多大学建筑、景观与设计学院，获得景观建筑学硕士学位。2005—2014年，于多作为很多大型规划设计项目的负责人，频繁往返于中加两国，也使她有机会返回哈工大建筑学院进行学术交流，引进高端专业人才，并于2010年携手多伦多大学景观系奠基人、前系主任Edward H. Fife教授共同协助哈工大创建了景观系（现称为风景园林系）。2018年，作为非营利机构CSID的创始人，与哈尔滨冰灯博览会合作承办冰雪文化艺术交流项目"中国－哈尔滨国际青少年冰雕比赛"，并作为领队率领加拿大华裔二代组成的"寻根冰雕队"赴哈进行交流。同年，哈尔滨市政府授权CSID作为哈尔滨市外办在加拿大Markham市的合作机构，将哈尔滨的冰雕艺术带到此地，让"哈尔滨冰雪艺术走出去"。2019年2月，CSID在哈尔滨市政府和加拿大万锦市政府的支持下主办了"首届万锦冰雪节"。2020年1月，受哈尔滨市政府之邀，参加哈尔滨国际冰雪节开幕仪式，并访问哈工大。

苔花如米小　也学牡丹开

2019年2月9日，加拿大安大略省大多伦多地区万锦市议会大厅里，三百多个座位座无虚席，主席台上万锦市市长 Frank Scarpitti、万锦市议员 Alan Ho 以及多位加拿大三级政府的官员认真倾听，中间一位优雅端庄、身材娇小的女士正在用一口流利的英文致辞。

彼时议会大厅里正在举行一场别开生面的大型活动——"2019首届万锦冰雪节开幕式"。主席台上致辞的女士，正是冰雪节的主办方、组委会主席，

于多在2019首届万锦冰雪节开幕式上作为活动主席致辞

于多和她的加拿大"寻根冰雕队"

曾经任教于哈尔滨工业大学建工系的哈工大校友于多。

是她,使来自家乡哈尔滨的冰雪艺术飞越千山万水,于2019年2月9日平安落地在国际主义战士白求恩的祖国——加拿大的万锦市。

也是她,在2018年1月率领加拿大华裔二代青少年远赴中国的北国冰城哈尔滨,组成"寻根冰雕队"参加冰雕比赛,让他们有生以来第一次领略了世界第一大国际冰雪节——哈尔滨国际冰雪节!

还是她,自1997年初远赴美国留学,再转至加拿大排名第一的多伦多大学继续深造,一心要将她在北美所学的专业学科——景观建筑学引进母校哈工大。最终在2010年,景观设计系成功在哈工大建筑学院正式创建,而于多也因此被哈工大授予"兼职教授"之职。

异国求学鸿鹄志　母校建系赤子心

于多出身于书香门第、教育世家，从小就看着自己的父母将毕生奉献给高等教育事业。每每看到自己桃李满天下，得意门生成为栋梁之材，父亲母亲脸上洋溢的自豪和满足，让于多幼小的心灵充满羡慕和钦佩。

1996年夏，于多开始了她在哈工大的执教生涯，也从此开启了与哈工大的深厚渊源。在岗前培训的集体大课堂里，于多被初建时期哈工大八百壮士的无私奉献精神所感动，也牢记着校训：规格严格，功夫到家。刚刚以学生身份走出校门，又以教师身份进校门，角色的转换让她兴奋不已，对工作充满好奇和激情。

1997年，于多开始了她在美国 Syracuse University（雪城大学）的留学生涯，先生张冠松是哈工大计算机科学系博士，在 Syracuse University 做博士后研究。1999年，因先生将要入职 IBM 多伦多实验室，于多申请入学多伦多大学建筑学院并被成功录取，夫妇二人便从美国移民至加拿大，开始了新的生活，他们同可以联系得到的五六位生活在多伦多的哈工大校友，作为班底组建了大多地区哈工大校友会的雏形，并于2000年宣布正式成立。如今20年过去，经过广大校友的积极努力，校友会可联络的成员已经超过500人！

从1999年开始在多伦多大学建筑学院求学期间，于多选择了国内不曾有过的专业——景观建筑学，因为这是多伦多大建筑学院景观系第一届研究生，全球只招收了7人，基本上都是加拿大本地或来自欧洲和美国的学生，而于多是唯一的华人学生，可想而知，于多面临着非常严峻的挑战。

幸运的是，在这里，她遇到了影响她一生的导师，Edward H. Fife 教授。Edward 教授是多伦多大学景观建筑学系奠基人，毕业于美国罗得岛设计学院

于多在多伦多大学的毕业留念

和哈佛大学景观建筑系，他和他在哈佛大学的导师创建了多伦多大学的景观设计系。Edward教授严谨的治学态度、一丝不苟的专业素养，以及他的自信、博学、果敢和宽广的胸怀，无一不对于多后来的人生轨迹和职业操守产生了深远的影响！至今，于多和Edward教授还保持着亦师亦友的紧密关系，在近二十年的职业生涯里，Edward教授也经常给予于多非常中肯的专业意见，使她百尺竿头，更进一步。

2004年于多第一次将Edward H. Fife教授请到哈工大建筑学院进行学术交流，为后来创建景观学科奠定了坚实的基础。2006至2014年，于多创建的Y+S国际设计机构在中国不同城市的规划设计项目的国际竞标中屡屡夺标。她频频往返于加拿大和中国，不断地将她在北美所学到的先进的规划设计理念通过项目的设计引进到中国的城市建设中，向城市的决策者们传递和普及可持续、低强度开发、生态整体规划设计。从东南沿海经济发展迅猛的城市，到内陆相对比较缓慢保守的城市，于多都会对所有项目基地一丝不苟地进行严格的考察和研究，因地制宜、亲力亲为。所到之处，都是先将本地的市志、县志，自然资源、人文历史、生态条件、植被群落、野生动物、地质水文等等做过详尽的分析和研究，才开始进入设计阶段。

终于在2007年，于多有机会走入阔别已久的家乡哈尔滨，参与了"哈尔滨西客站地区战略性规划"项目的竞赛，能够为家乡建设献计献策。2008年，于多再次回到东北，参加了"大庆市庆北新城概念规划"的国际竞标获得第一名，同年接受大庆市政府的委托，率领设计团队主创重点项目"滨洲湖滨水景观设计"，现已实施并成为当地样板项目。2009年她带领设计团队主导了哈尔滨市的另一个重点项目"哈尔滨市长江路东段城市设计"，再一次有机会为家乡的建设贡献一份力量。2010年完成了穆棱四平山生态公园和八面通植物园的规划设计，现已实施成为当地样板项目。

于多及其导师 Edward H. Fife 和建筑学院院长梅洪元亲切交谈

同年，于多又一次将她在多伦多大学的导师Edward H. Fife教授邀请至哈工大建筑学院，进行一次完整的生态与绿色城市景观系列讲座和一次别开生面的"北美景观设计观摩指导设计课堂"。这次学术交流的一项重点内容，就是共同研讨创建景观建筑学科的教学课程体系。作为Edward教授的助手，于多投入大量的精力对北美和欧洲不同风格、不同学术方向的景观与建筑的教学进行调查研究，最终总结出了一套适合根植于中国高校教育的课程设置，与建筑学院的领导们进行商讨并不断改善，景观建筑系终于在2010年在哈工大建筑学院正式落成！自2003年开始筹备，2004年于多第一次和Edward教授访问哈工大建筑学院进行讲学奠定了开创新学科的基础之后，七年磨一剑，终于开花结果。该专业第二年便被评为国家一级学科。

2011年10月份，于多受邀在南京林业大学主办的"第二届中国风景园林协会年会"上做嘉宾演讲，主题是"中国城市生态景观规划设计反思"。

于多在哈工大建筑学院讲学

于多在风景园林协会年会上巧遇后来任哈佛景观建筑学系主任的导师 Charles Waldheim

本届年会做主旨演讲的特邀专家,是于多在多伦多大学读书期间的另一位导师,时任多伦多大学的景观系主任,后任哈佛大学景观建筑学系主任的 Charles Waldheim,师生在中国的专业学会年会上各抒己见,为中国海绵城市的理念做出了铺垫。

2012年,于多受邀回到哈工大面授"景观都市主义"理论课,这个理念则是 Charles Waldheim 教授在世界范围内倡导的都市设计与生态可持续规划的指导性理念,于多将她所学全部带回母校,传授给她的学生们,一时间好评如潮!也因此,哈工大为了表彰于多校友在阔别多年后又重返母校,并为母校的学科建设所做的积极贡献,向她颁发了"兼职教授"的聘书。

纽带传承故土文化　　人在他国桃李满园

于多不仅对曾经工作过的哈工大念念不忘,对于自己是一名教育者也充

于多回哈工大面授理论课"景观都市主义"

2012年于多接受校长助理、现任哈工大副校长安实教授颁发的兼职教授聘书

满了使命感，同时对自己的家乡哈尔滨有着割不断的游子之情。虽然从 2012 年以后，于多的设计事务所业务集中在加拿大本土，但是，紧张忙碌的工作之余，她的内心深处对年轻一代艺术与设计人才的培养的初衷未改。

2018 年 1 月，经过充分的筹备，由于多校友创建的非营利机构——CSID（加拿大可持续城市文化与艺术研究中心）与哈尔滨市冰灯博览会联合主办的"第一届国际青少年冰雕比赛"拉开了帷幕，于多作为领队，带领六名在加拿大定居的华裔二代，来到冰城哈尔滨，进行一次别具一格的寻根之旅、一场别开生面的艺术交流，代表队还为自己起了一个非常响亮的名字："寻根冰雕队"。没想到这次寻根艺术之旅，引起了哈尔滨市政府的重视！因为恰逢"哈尔滨冰雪艺术走出去"的倡议刚刚落实，而寻根之旅恰好承担起把家乡的冰雪艺术带出去的责任，一切就是这么天意使然！于是，于多又带着哈尔滨市人民的嘱托，回到加拿大的第二家乡 Markham 万锦市，开始了国际文化艺术交流舞台的搭建。

加拿大的万锦市是一个新兴的正在飞速发展的高科技智慧城市，世界五百强的公司都纷纷落户在万锦市，比如 IBM、AMD、摩托罗拉、华为等著名科技公司。哈工大作为培养高科技人才的摇篮，很多校友都在万锦市的高科技公司任技术职务，为万锦市的繁荣添砖加瓦。

2019 年 1 月，于多和万锦市代表团受哈尔滨市政府之邀，赴哈尔滨参加世界北方城市市长峰会，并出席"哈尔滨国际冰雪节开幕式"和"冰雪大世界开园式"。时任哈尔滨市副市长张万平亲切接见了万锦市议员和于多，对于多将哈尔滨的冰雪文化带出国门走进加拿大表示极其赞赏，并鼓励于多在未来推动两座冬季城市的教育、经贸、旅游等方面继续做出积极的贡献。黑龙江省侨联主席郭占力也特别接见于多一行，表彰了于多离开故土超过 20 年却依然心念家乡，不断为家乡的建设不懈努力，聘请于多为"黑龙江侨联华侨国际文化交流促进会副会长"并颁发聘书。

随后，在中国哈尔滨市政府和加拿大万锦市政府的共同支持下，2019年1月30日，来自冰城哈尔滨的十位世界知名冰雪艺术家，如约降临在万锦市政府广场，为加拿大万锦市民带来美轮美奂的冰雕作品。2月9日，首届来自哈尔滨的灵感的万锦冰雪节，在万众瞩目之下，隆重开幕！作为主办方的负责人，于多再一次为自己能为祖国、家乡出一份力，而激动地流下热泪！

2019年12月，哈尔滨市政府代表再次访问加拿大，于多经过一年的努力，为哈尔滨市政府在文化、旅游、教育和经济方面更添一笔，成功使加拿大著名的尼亚加拉瀑布旅游局和哈尔滨市建立起合作关系；同时，也将带着万锦市长 Frank Scarpitti 的重托，不遗余力地协助促成哈尔滨工业大学这所培养高科技人才的摇篮和加拿大著名学府的合作关系。

2020年1月，于多再次作为万锦访问团重要成员受哈尔滨市政府之邀

首届万锦冰雪节冰雕展剪彩

赴哈尔滨参加"冰雪城市可持续发展研讨会"和"冰雪节开幕式",并得到黄伟副市长的接见和宴请。"加拿大寻根冰雕队"也在这次比赛中,同哈师大美术学院的冰雪艺术师生近距离进行冰雪艺术的交流。

2020年1月6日下午,加拿大万锦市政府代表和万锦市议员在哈尔滨市政府外事办公室负责人的陪同下如约访问哈工大,受到校长助理侯育杰的热情接见。侯助理在会上与万锦市议员共同商讨哈工大和加拿大多伦多大学、滑铁卢大学等著名学府的合作交流意向,并热情邀请万锦代表们前来参加哈工大百年校庆活动。随后,哈工大规划设计院和Y+S International Design Ltd. 签署长期合作协议,相约在可持续发展的国土空间开发和景观全方位整体设计的实际项目和学术研究领域里做到真正意义上的国际合作,把加拿大的先

万锦市市长接见于多和哈尔滨市政府代表,畅谈哈工大和本地著名学府的合作意向

于多携助理陪同哈尔滨市政府外办主任宋向东访问尼亚加拉瀑布旅游局

进理念带入实践当中去,在未来的国际冰雪研究项目上也要进行多方位多层次合作。

哈工大建筑学院主办的世界大学生冰雕比赛和冰雪节已经逐渐得到越来越多的关注,于多也希望借此访问家乡之机,深入了解哈工大的冰雪节活动,并通过已经搭建好的平台,把它介绍给加拿大的大学生们,让这个有意义的冬季活动更加国际化!

于多非常欣慰能够作为连接第一故乡哈尔滨与第二故乡万锦市的桥梁和纽带,把家乡的冰雪文化和艺术健康地移植到加拿大来,让它能够落地生根,推动两个故乡走向友城之路,也尤为自豪地作为哈工大校友,能为促进哈工

黄伟副市长接见于多和万锦市议员

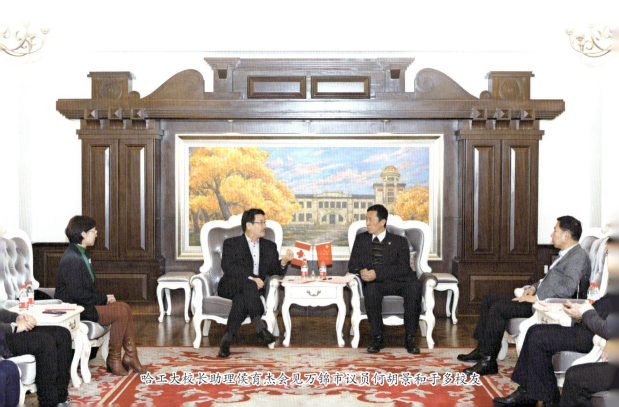

哈工大校长助理侯育杰会见万锦市议员何胡景和于多校友

于多和哈工大校长助理侯育杰、万锦市议员以及哈尔滨市政府代表合影留念

哈工大建筑学院规划院领导赠送于多百年建院纪念品

大和加拿大著名学府的合作尽一份微薄之力。作为哈工大人，无论身在何处，都心向哈工大，不忘初心！未来，她会更积极地投身到助力哈尔滨和哈工大发展的事业中去，把哈工大人的精神传承下去，把哈工大人严谨的治学态度发扬光大！

3／英国篇

哈工大人在海外

孙 彤
HAGONGDA REN ZAI HAIWAI

  1986年考入哈尔滨工业大学精密仪器系精密仪器专业，于1990、1993、1998年分别获得工学学士、硕士、博士学位。1996年获伦敦城市大学提供奖学金继续深造，并于1999年获得英国应用物理学博士学位。

  孙彤现在英国伦敦城市大学任职，于2008年成为该校自1894年建校以来的第一位工程学科女教授。孙彤多年来一直从事新型光纤传感器的研究及其应用，作为领域内专家在世界专业期刊、国际会议上发表论文310余篇，从英国、欧盟获得各类科研项目50多个，并与中国、欧盟、印度、澳大利亚等多个国家和组织在该领域的研究及应用方面建立了长期合作关系。鉴于在工程领域做出的突出贡献，2018年6月9日，孙彤在英国女王生日授勋名单上被授予OBE勋章，并于同年10月17日在白金汉宫参加授勋典礼。

光纤传感——从实验室走向工业界

"桃李不言满庭芳,弦歌百年今又始。"哈工大百年校庆在即,孙彤借此祝愿母校积历史之厚蕴,宏图更展,再谱华章。母校在她的成长过程中,所给予的是无法衡量的价值,无论是专业知识,还是品德和行为,都使她在校期间得到不断提升和潜移默化的影响,并对她日后教学、科研、为人处世产生了深远的影响。

哈工大十载

1986年,孙彤从江苏省丹阳中学毕业,入学哈工大,就读于"精密仪器系精密仪器专业"。

对于来自江南的孙彤来说,北方的生活充满了新奇。到哈工大求学,也让孙彤经历了许多人生的"第一次":第一次独自长途旅行34小时从家乡来到哈尔滨;第一次看到冰灯雪雕;第一次见到了唱遍了大江南北的松花江;第一次看到成串的南方学生在冬天的电机楼门前摔得人仰马翻后哈哈大笑;第一次在冰天雪地里吃糖葫芦;第一次交男友;第一次在军营过夏令营……

这些新奇的"第一次"之外,哈工大给予孙彤的学习环境及老师们的谆谆教导也让孙彤印象深刻。当时刚毕业不久的班主任彭远奎对全班同学生活上无微不至的关心与思想上的教育让孙彤难以忘怀。在这样张弛有度的学习环境下，孙彤顺利度过了她的本科时光。

四年本科生活结束后，孙彤被保送入哈工大本校读研，师从张善锺、浦昭邦教授。导师们严谨、谦逊的治学态度和不知疲倦的求知精神，都让她印象深刻并受益匪浅。两年半的研究生生活让孙彤对科研有了初步了解，也对她后来投身科研事业产生了重要影响，标志着科研生涯的起步。

孙彤研究生毕业那年，正遇"下海经商"的浪潮，本着对科研工作的热爱，孙彤决定继续留校读博，师从谭久彬、张善锺和强锡富教授，其中谭久彬教授目前已经成为中国工程院院士。导师们深厚的学术造诣、严谨的治学风格、严肃的科学态度、乐观开朗的性格、幽默机智的谈吐令孙彤深深地折服。尤

1998年孙彤与三位博导在博士论文答辩后合影

其是他们渊博的学识、敏锐的洞察力，为她课题的方向、选题、运作及论文的撰写提供了关键启发和帮助。

孙彤的论文主题是针对航天应用的圆度、圆柱度的高精度测量，在导师们的指导下，经过三年不懈的努力，她提出的一些减小误差的新型数据处理方法在国内与国际期刊上发表。与此同时，她也对哈工大"规格严格，功夫到家"的校训有了更深刻的理解。因 1996 年赴英深造，孙彤到 1998 年才回哈工大进行博士答辩，并被授予工学博士学位。

英伦之旅

1996 年，孙彤告别亲人，踌躇满志地踏上了异国的土地，来到伦敦城市大学继续深造，并开始第二个博士学位的攻读，师从现英国皇家工程院院士 Professor Ken Grattan。她的科研方向自此也从原来的高精度测量转成了光纤传感。

尽管孙彤的英语成绩在国内一直名列前茅，到伦敦后才知道这只不过是"纸上谈兵"。来伦敦后的第一堂光纤传感器的专业课是由一位来自苏格兰的讲师授课。他那浓重的方言、快速的语调，再加上孙彤对光纤传感工作原理一知半解，让她立刻坠到了云里雾里。经过短期强化对语言稍有适应后，她被导师推荐去本校的验光系（眼科）做兼职讲师助理。这对她来说是个千载难逢的机会：她既能积累上讲台的经验，又能获得经济上的帮助。

由此孙彤的生活也因此变得很忙碌、很充实：白天在实验室与师兄一起研制基于荧光寿命的各类光纤温度传感器，晚上在租的小屋里将物理光学的英文版自学一遍。尽管是"现学现卖"，但良好的学生反馈让她信心倍增，这一教学经历也为她后来的求职之路奠定了良好的基础。孙彤在这期间发表了近二十篇国际期刊论文并在 1999 年被授予伦敦城市大学应用物理博士学位。随后她留在 Professor Grattan 的科研团队做博士后。

短暂的新加坡之行

在伦敦工作一年后，2000 年孙彤申请到新加坡南洋理工大学助理教授 (Assistant Professor) 的职位。怀着对新生活的无限憧憬，孙彤离开生活、学习、工作了四年的伦敦，来到新加坡。南洋理工大学给新到的年轻教授们提供了非常舒适的生活条件与优越的工作环境，初到的她感觉如鱼得水，欣喜地适应着这全新的环境并认识、熟悉来自世界各地的新同事。

在新加坡的一年，孙彤收获颇丰：在科研上她看到了光纤传感不仅在土木工程上有广泛的应用，而且在生物医疗上有所创新；在教学上她感叹新加坡学生的勤奋好学且尊师重道；在生活上她享受着亚洲的美食与社会对"教师"这一职业的尊重。当 Professor Grattan 告知她伦敦城市大学有讲师 (lectureship) 名额并建议她申请时，她犹豫了很久，权衡再三还是决定申请该职位，并在被录用后于 2001 年离开新加坡返回了伦敦。

返回伦敦：事业起步

在决定离开新加坡尚未回到伦敦之前，孙彤就开始着手准备第一个 EPSRC (Engineering and Physical Sciences Research Council) 英国科研项目申请书。2001 年，孙彤到达伦敦后不久就收到了 EPSRC 的通知：她的第一个项目申请获得成功。

来自 EPSRC 的启动经费对孙彤的事业起步起到了关键性作用：购买实验室的第一台准分子激光器用于在光纤上刻写光纤光栅；与 Professor Grattan 合作招收博士生；开始与国内、国际同行的多方合作且感受到与工业界合作的重要性。

在这之后她科研的方向也变得越来越广泛：从开始钢厂、防火等需要的高温测量到后来有关混凝土钢筋结构腐蚀的微环境测量；从海关毒品检测到土壤中重金属污染的现场勘探；从污水处理环境监测到铁路、航空、海运中主要驱动部件的安全监测。

到目前为止，孙彤已成功领导了 50 多个科研项目，科研经费达三千七百多万英镑。2006 年她荣幸地成为第一批（全英国共六人）年轻学术带头人，获得 EPSRC 的 Challenging Engineering Award（工程领域挑战奖）。2008 年 40 岁的孙彤成为伦敦城市大学建校一百多年以来第一位工程学科女教授。并于 2009 年到 2010 年，担任英国皇家工程院 / 利华休姆信托基金的高级研究员 (Senior Research Fellow awarded by the Royal Academy of Engineering/Leverhulme Trust)。

光纤传感：从实验室走向工业界

如果说孙彤领导的科研工作在 2010 年前着重于传感器新颖性的研究与科

2008 年参加 EPSRC 合作项目会议，合作伙伴来自英国、瑞典、德国、爱尔兰和新加坡

技文章的发表，那么2010年后她已将工作重点转移到新型传感器在工业界的应用方面。她敏锐地意识到这些科研的新成果可以填补工业应用中许多空白。因为它们具有普通传感器无法媲美的优点：不受电磁场的干扰、耐高温腐蚀、又细又轻、可用于分布式传感等等，所以特别适合于恶劣环境下的应用。于是她进一步加强与工业界的合作，科研经费的主要来源也由原来的EPSRC转成Innovate UK或由企业直接提供。不同于实验室可控环境下的科研，针对恶劣环境的工业应用科研具有更大的挑战性。

经过几年不懈的努力，孙彤领导的科研团队终于成功地与英国Faiveley Brecknell Willis公司（总部是美国的Wabtec Group）合作研制成用于高铁上供电的智能受电弓。该产品目前已在英国铁路网(Network Rail)上应用，为铁路高压电网的安装、维修、机车供电提供了非常有用的信息。

孙彤在与英国企业合作的同时，也加强国际合作。如她的团队与澳大利亚悉尼水公司(Sydney Water)的合作已成功地将光纤传感器安装在悉尼城市下水系统中，对污水处理环境进行实时监测。她同时与华中科技大学、武汉同济医院合作研制智能隐形眼镜，希望通过埋入镜内微型传感器对眼压实时监

伦敦大学城市学院与Faiveley Brecknell Willis共同研制开发的智能受电弓已在英国铁路网（Network Rail）上应用

测，能对青光眼的早期诊断做出贡献。

鉴于在科研创新与推广应用领域的突出贡献，孙彤于2010、2016年分别被英国测控协会(Institute of Measurement & Control)授予Callendar与Oxburgh奖章；2016年被授予皇家工程院(Royal Academy of Engineering)银质奖章；2017年获得澳大利亚水协会创新奖；2018年成为皇家工程院/Faiveley Brecknell Willis公司首席科研教授。2018年6月9日，孙彤教授在英国女王生日授勋名单上被授予OBE (Officer of the Most Excellent Order of the British Empire)勋章，同年10月17日在白金汉宫参加授勋典礼。

2018年10月17日，安娜公主在伦敦白金汉宫亲自给孙彤教授颁发OBE勋章

在取得了诸多成绩的多年之后，孙彤表示对自己的母校哈工大十分感激，如果没有哈工大给她起飞的平台，她不会取得今天的成绩。饮水思源，哈工大就是她立足事业之"源"。

李 慷

哈工大人在海外
HAGONGDA REN ZAI HAIWAI

HARBIN
INSTITUTE
OF TECHNOLOGY

  1992年获得哈尔滨工业大学电控制理论与应用专业硕士学位，1995年获得上海交通大学控制理论与应用博士学位。鉴于李慷在非线性系统识别领域卓有成效的工作，他于2015年获得贝尔法斯特女王大学理学博士学位（DSc）。从1995年至2002年，他分别在上海交通大学、荷兰代尔夫特理工大学和英国贝尔法斯特女王大学担任研究员。自2002年起，他在英国贝尔法斯特女王大学电子电气工程和计算机科学学院先后担任讲师、高级讲师（2007年）和准教授（2009年），并于2011年成为智能系统与控制专业的教授，2018年5月担任英国利兹大学电子电器工程学院智慧能源组主任教授。

饮水思源　感恩工大

李慷教授的研究兴趣广泛，包括非线性系统建模、识别和控制，仿生计算智能化，人工智能、智慧能源、智能制造及交通电气化等方面的研究及应用推广。他开发的基于云技术的能源监测和分析系统已经在多个不同的工业领域得到应用，赢得了多个奖项。李慷教授目前已发表学术论文300多篇、编撰会议论文集15本，赢得了10余个奖项，并受邀在世界各地做了70多次主题演讲。在过去的10年里，他领导了若干个英国和中国之间的多个大型能源国际合作项目，其中包括中英科学桥项目。他发起成立了由政府支持的以工程教育与研究为特色的中英大学工程教育与研究联盟，吸引了包括来自英国和中国的数十所大学，来共同面对全球能源和制造业的挑战，成为2017年在伦敦举行的中英高级别人文交流中的一大亮点。

饮水思源

1989年，李慷自湘潭大学机械自动化专业本科毕业后考入哈工大410专业，追随张福恩老师攻读硕士研究生。在哈工大的求学时光，让李慷结识了许多优秀的老师、学长及同学，他们一直是李慷的良师益友。

在李慷的记忆中，哈工大对学业要求非常严格，同学来自全国各个地方，有不少非常优秀的同学，跟他们一起求学对于李慷来说既有压力也有动力，哈工大"规格严格，功夫到家"的校训，基础厚、重实践、过程严的要求及治学态度使他终身难忘、终身践行、终身受益。李慷在日后带领学生做科学研究时总结出的一些经验，包括研究必须做到格物致知、着眼全球挑战问题、重要成果必须实验验证、紧密跟工业界结合等，都是在哈工大这一求学阶段启蒙的。特别是他的导师张福恩教授终身勤学不辍、治学严谨，为他树立了一生的榜样。

1992年在哈工大毕业后李慷先后在上海交通大学、荷兰代尔夫特理工大学、英国贝尔法斯特女王大学（简称"女王大学"）和英国利兹大学学习及工作，从事系统辨识、人工智能、智慧能源及智能制造等方面的研究及应用推广，研究成果多次获奖。其中研发的工业 IoT 技术 Point Energy 获得英国北爱尔兰高科技园区发明奖、爱尔兰国家可持续能源局年度研究发明入围奖、英国技术策略局知识转移伙伴计划杰出奖、英国测量及控制学会年度 ICI 奖等，研究成果在食品加工、高分子材料及巴士制造等行业获得应用，受到英国王室成员的赞誉。

饮水思源，李慷说自己能够在从事的专业取得一些成果，归功于在哈工大接受的坚实的基础理论和系统的专业教育，并在学习过程中及老师的言传身教下养成的理性思维、求真务实、严谨审思、认真细致的科学思维方法和开拓创新的作风。

在哈工大学习期间，李慷也非常有幸在校团委的领导下参与了研究生总会的工作，丰富了管理经验，为他日后能组织大型国际合作项目打下了良好的基础。在英国学习工作 20 多年，李慷时时感恩哈工大的教育及培养，并努力展开并推动了一系列大规模的中英科技及教育合作。

英伦事业

李慷教授与同事在 2008 年发起并获得英国研究理事会资助的中英合作桥项目，与哈工大、清华、上海交大、浙大等 14 所中英著名高校及企业联合，展开了大规模的科学创新及科技转移活动，组织大规模的教师及学生交流、企业化培训，联合举办中英科学桥论坛等，并先后筹建中英科学桥能源与自动化联合实验室、中英科学桥自主机器人联合实验室等。

同时李慷与哈工大王淑娟教授、翟国富教授团队联合成立了中英密封电子器件及装置多余物测量联合实验室，并在 2012 年"中英科学桥高峰论坛"揭牌。英国研究理事会、科技部科学技术交流中心、中国国家自然科学基金信息部、上海市科学技术委员会、英国驻上海总领馆的代表应邀参加论坛并发言。科学桥合作伙伴的报告从科研合作、联合基地和平台建设、教师互访和人才培养、国际交流等各方面总结了各项目在中英科学桥计划下取得的一系列重要成果，得到了学校、社会、企业的高度认可。中英科学桥能源与自动化联合实验室的联合研究获得国家自然科学基金委 1 项重点基金项目、2 项面上项目资助，联合培养博士生、博士后 8 名，共同在国际杂志上发表文章 30 余篇，联合举办 4 次国际会议。研究成果获多项省部级奖项，包括"面向物联网应用的异构测控网络系统"项目获得由国家发展和改革委员会等多个国家部委组织的 2010 年中国国际工业博览会创新奖,"网络测控系统关键技术与电站自动化"项目获得2009年上海市科委科技进步奖二等奖等。

2012年时任国务委员的刘延东率团访问女王大学,亲自见证了女王大学科学桥取得的成果。作为女王大学华人教授代表,李慷参加了在女王大学举行的由刘延东与北爱尔兰行政当局首席部长共同出席的圆桌会议。同时,中国驻英国大使刘晓明亲自给英国报纸撰文,赞扬女王大学的科学桥促进了中英的科技合作及技术转移。北爱尔兰行政当局首席部长及副首席部长带领政府官员于2012年11月14日访问了中英科学桥自主机器人联合实验室,并给予了高度评价,称联合实验室是"北爱尔兰与中国科技合作的典范"。中英科学桥项目被英国研究理事会作为中英合作的样板。

李慷教授向英国安德鲁王子介绍研究成果

李慷教授于2013年作为英方负责人联合了哈尔滨工业大学程树康教授、崔淑梅教授团队、于继来教授团队，国家电网南瑞集团薛禹胜院士团队等，展开了中英联合资助的电动汽车与智能电网项目，研究新型、智能、环境友好的电动汽车充电系统，并于2016年8月在女王大学举行的中英塑造低碳经济未来研讨会上揭牌中英智能电网及电动汽车联合实验室。联合实验室进行了20多次教师及学生互访，共同举办3次国际会议或国际研讨会，出版2本会议论文集，在国际杂志及会议上联合发表论文23篇，其中3篇文章获奖。联合培养博士生及博士后2名。成果受到工业界关注，与英国著名巴士制造公司Wrightbus集团合作研究混合动力电池管理系统、新一代零排碳汽车及绿色电池技术。2016年中国驻英国大使馆蒋苏南科技公参在参观中英联合实验室时对相关工作给予了高度的评价。英国研究理事会及中国自然科学基金委于2016年在伦敦皇家科学院举行的高级别战略对话中特别指出："由女王大学和哈尔滨工业大学执行的iGIVE项目通过更加可靠、柔性、有效及环境友好的智能电网技术加速了绿色技术的开发。"

李慷教授作为女王大学中国战略合作负责人于2016年联合了女王大学及其他英方5所罗素联盟高校的同事共同申请并于2017年5月参与筹建了第一个由政府支持的以工程教育与研究为特色的中英大学工程教育与研究联盟。该项目由英国商务能源与产业战略部(BEIS)资助、英国文化教育协会管理，支持以工科见长的9所中国高校和来自罗素大学集团的6所英国高校（现在扩充到9所）合力构建全方位、有重点、多层次、宽领域、高水平的中英大学交流合作新格局。联盟英方大学包括贝尔法斯特女王大学、剑桥大学、利兹大学等9所英国罗素集团成员大学。中方大学包括哈尔滨工业大学、东南大学、天津大学等9所中国卓越大学联盟成员大学。

中英大学工程教育与研究联盟于2017年12月上旬在伦敦举行的中英高级别人文交流机制第五次会议上签署了共同宣言,刘延东副总理和英国卫生大臣亨特见证了签字仪式。联盟自成立起推动了中英大学之间各个层次的活动,包括邀请剑桥大学及利兹大学加入联盟、推动建立中英大学工程教育与研究联盟未来工程师领导力与创新学院、展开一系列中英科研教学合作交流等,李慷作为负责人于2018年9月在重庆发起了中英产学研平台的建设。2018年11月,中英大学工程教育与研究联盟举行了校长论坛,中英大学校长围绕"全球化时代中英两国高等教育面临的机遇和挑战""国际交流与合作助力世界一流大学建设"和"推动校企知识转移与创新的新趋势与新策略"等三个议题进行发言和研讨,共话新时代中英高等教育发展智慧、共谋合作之道。中英大学联盟的成立推动了大规模的中英教育及科研合作,受到中外媒体广泛关注及报道。

在女王大学工作期间,作为女王大学中国战略合作负责人及学院国际合作委员会主席,李慷教授积极配合女王大学国际化的目标,加强跟哈尔滨工业大学等10多所中国知名大学的合作;积极推动校际合作,如推动女王大学与哈尔滨工业大学签定的校级合作协议,含括教师及学生互访以及合作计划,以及本科生研究生联合培养,为中英合作做出了应有的贡献。鉴于李慷对女王大学与中国高校合作所做的贡献,女王大学于2018年授予了他"Dean Award for Internationalization"奖,前任校长

Peter Gregson 爵士于 2012 年 9 月授予他荣誉奖章，同时，李慷被女王大学评为 2012 年大学年度人物，收录 2012 年女王大学的校长年鉴。2015 年李慷也非常有幸作为华人杰出代表在伦敦受到习近平主席的接见并合影留念。

回忆过去的学习工作经历，李慷说："我们非常有幸生于这祖国开放并崛起的伟大时代，见证了祖国的日益强大，强大的祖国是海外华人事业发展的最强后盾。我们也非常有幸能够参与祖国与国际接轨的这一历史进程中，并为此做了一些有意义的工作。饮水思源，感恩哈工大，期待母校继承和弘扬优良传统的同时，坚持与时俱进、日新月异，祝愿哈工大再创辉煌！"

哈工大人在海外

彭华新
HAGONGDA REN ZAI HAIWAI

HARBIN INSTITUTE OF TECHNOLOGY

1968年8月出生于山东平度。1990年于浙江大学本科毕业后，进入哈尔滨工业大学材料科学与工程学学院攻读研究生，1993年和1996年分别获得哈工大硕士和博士学位，专攻复合材料。先后在英国布鲁内尔(Brunel)大学和牛津大学从事航空航天用铝基/钛基复合材料研究。2002年10月受聘到布里斯托大学(Bristol，2014年QS世界排名前30)航空航天工程系任讲师，随后晋升为高级讲师、准教授(Reader)和终身正教授。其间作为核心成员参与创建了布里斯托大学复合材料研究所(ACCIS)、纳米科学与量子信息中心(NSQI)以及布里斯托大学拥有的英国国家复合材料中心、劳斯莱斯全球唯一的复合材料大学技术中心和英国唯一的复合材料博士培训中心。2011年起兼任NSQI中心首任常务副主任，学部职称评定委员会及大学校委会委员。2014年入选第十批"国家特聘专家"，同年回国全职任教，创建了浙江大学功能复合材料与结构研究所。彭华新现兼任国际标准化委员会技术委员会(ISO/TC)主席、亚澳复合材料学会理事会副理事长、中国复合材料学会国际合作工作委员会主任以及中国材料研究学会超材料理事会常务副理事长，并作为发起人之一创立了Elsevier国际期刊 *Composites Communications*，任编辑(Editor)。

情有独钟哈工大
锐意进取谱篇章

  1990年,彭华新浙江大学本科毕业,怀着对哈工大材料学科的崇敬,他从5所愿意接收他为免试研究生的学校中选择了哈工大。"那个时候,我们大多数同学几乎是'一根筋',愿意静下心来,多读多思考,认认真真地做实验。"家境不富裕的他,并没有去当家教挣点外快的念头,而是一门心思地投入到学习和实验中。

  研究生期间,彭华新的研究课题是铝基复合材料的摩擦磨损研究,在导师王德尊教授的指导下,他动手设计搭建了一台干滑动摩擦磨损试验机并通过了学校的自制设备验收。原本可以直接攻读博士学位的他,主动选择进行硕士论文答辩。"我当时希望在博士期间从事一个崭新的研究方向。"彭华新后来回忆,那年的硕士论文,彭华新是一笔一画手写的,获得了当年哈工大研究生论文"金牌奖"。

  彭华新如愿在攻读博士学位期间进入了反应合成复合材料这一崭新的研究方向,但却"吃尽了苦头"。从文献的查阅到具体研究内容的确定,从实验方案的制订到具体的实施,其间反反复复,最终在导师团队的指导下,他成功地制备出了高质量的反应自生复合材料,发表多篇SCI论文，最终获得了哈工大的优秀博士毕业论文。"哈工大的研究生学习和四位老师的指导为我后来的科研之路奠定了'功夫到家'的根基。"指着博士论文封面上四位导师的名字——导师杜善义教授，副导师姚忠凯教授、王德尊教授，还有协助指导教师耿林教授，彭华新有些激动地说。

1997年夏天，已经办理留校任教手续的彭华新，迎来了科研生涯的转折点。当时雷廷权院士邀请了在全英国材料界仅有的四位华人老师到哈工大讲学，彭华新被安排接待其中的两位——布鲁内尔（Brunel）大学的樊中云博士和贝尔法斯特女王大学（Queens University of Belfast）的沙维博士。交流过程中，彭华新在铝基复合材料方面的基础和应用研究工作得到了樊中云老师的认可。碰巧，樊老师要招收一名博士后，就这样彭华新幸运地获得了到英国从事科学研究的机会。1998年初，彭华新踏上了英国的土地，一待就是十几年。从地处伦敦西郊的布鲁内尔大学博士后到牛津大学Research Fellow，2002年到布里斯托大学航空航天工程系做了讲师。

2006年，已经是布里斯托大学高级讲师的彭华新回到哈工大交流，在时任副校长周玉的鼓励下，全面开启了与母校哈工大的科研合作。他与现任材料学院院长耿林教授一起，联合申请到了英国皇家学会国际合作项目和海外学者合作研究基金（又称为"海外杰青"）。彭华新每年除了回哈工大交流讲学，还积极邀请哈工大的学者到英国交流，尤其是积极与哈工大联合培养博士研究生，其中就包括后来破格晋升副教授和教授、获得国家自然科学基金优秀青年基金的黄陆军老师，作为合作导师一起联合发表了材料学院第一篇Progress in Materials Science大型综述；孙剑飞教授课题组的王欢同学在回忆自己在哈工大攻读博士期间去布里斯托大学彭华新课题组交流时，提及当时临近毕业急于发篇文章，彭华新得知后，建议他再深入梳理一下自己的研究成果，争取发表更有影响力的期刊，并给论文拟定了题目。年轻的王欢同学有些怀疑，但在彭华新的鼓励下，还是坚持了下去，最后发表在领域里顶级的国际杂志（注：*Acta Materialia*）上。

2014年，回到本科母校浙江大学全职工作的彭华新，更加积极地与哈工大进行合作，先后与材料学院耿林教授一起获得国家自然科学基金重点项目和重大研发课题；与哈工大复合材料与结构研究所张幸红所长一起筹划并举办了首届两校复合材料研讨会，促使双方合作不断地深入扩展；作为大会程序主席，与大会主席杜善义院士和执行主席冷劲松教授一起主办了第21届世界复合材料大会（ICCM21），扩大了中国复合材料在国际上的影响力。

一个十年磨一剑的真实故事

"对于科研，还是讲求四个字——'静下心来'，偶尔会有'无所事事'的状态。"在英国大学当老师的时候，彭华新大部分时间是在办公室、实验室与课题组成员讨论与演算，回到国内，他更认识到"无所事事"的宝贵，那可能是新想法诞生的土壤。

出国前，彭华新在哈工大的科研经历偏向实验和应用，他博士期间参与研制的金属基复合材料卫星天线丝杠曾获得航天部科技进步奖二等奖，至今仍被用作型号配套产品。但到了英国以后，他却深感自己在基础理论方面的不足。在博士后导师的引导下，他用了近三年的时间把已有的复合材料基础理论梳理了一遍。那时，彭华新意识到：对于两相（增强相与基体相）复合材料，半个多世纪以来，在传统的复合材料理论指导下，人们一直追求增强相在基体中的均匀分布。一个崭新的想法开始在脑海里形成：通过全面调控增强相的分布状态可以更有效地提高复合材料的综合性能。彭华新系统地提出了这一全新概念，发展出了能够囊括不同增强相空间分布的复合材料新理论，从理论上提出了多种具有更佳增强与增韧效果的复合材料组织结构。此项研究于2005年获得了英国工程与物理研究基金的第一项资助。项目会评委员会主席（Philip Withers 教授）在基金获批后与彭华新交流的邮件里写道："我确实对你提出的（增强相）非均匀分布将提高性能这一论点表示怀疑——因此我期待被证明我是错的！（I do have some doubts about your thesis that inhomogeneous distributions will improve properties—so I look forward to being proven wrong!）"

随后的几年里，彭华新与哈工大黄陆军和耿林老师积极合作，设计开发出性能优越的增强相呈团聚状、网状和层状分布的铝基、钛基和TiAl基复合材料。2015年，由彭华新作为主要通讯作者的综述论文 *Microstructurally Inhomogeneous Composites: Is a homogeneous reinforcement distribution optimal?* 在国际著名期刊 *Progress in Materials Science* 上发表。该综述受到复合材料领域顶级期刊 *Composites Science and Technology* 的主编Tsu-Wei Chou教授的评价:It is no doubt a seminal contribution of a tremendous magnitude! 从新理论一开始提出时被"怀疑"，到最后被同行认可，正所谓十年磨一剑。

慎思笃行：牛津大学时的较真

彭华新在牛津大学工作期间，进入到针对航空发动机的碳化硅纤维增强钛基复合材料的研究工作。这是英国工程与物理研究基金委与劳斯莱斯共同资助的一个项目，彭华新加入时，正处于八年滚动项目的最后

彭华新教授和先进复合材料与结构海外学术大师、英国皇家工程院院士 Michael Wisnow 教授

两年。研究的挑战是：对钛合金涂覆的 SiC 纤维在 950 摄氏度下真空热压致密化过程中，能精确控制只有头发丝粗细的 SiC 纤维的排布，进而结合数值模拟以优化复合材料的制备工艺。这个挑战在过去的几年一直没有被解决。为此，刚刚到了牛津大学的彭华新经过对前期工作的系统整理，精心设计了一套高温镍基合金模具，由于模具的特殊性，只能自己动手在车间里加工，坚持了近三个月的时间才加工完成，最终实现了对 SiC 纤维排布的精确控制，完成了此类复合材料成型工艺的优化。

这期间，合作导师一度犹豫，对实验规划和获得的实验数值提出了质疑，较真的彭华新"坚持自己的思路"，最终用可靠的实验结果证明了自己。当时，现任哈工大材料学院副院长的费维栋教授正巧到牛津参加国际学术会议，应彭华新邀请参观，谈及这项工作，他说："彭华新当时做的碳化硅纤维的分布跟晶格点阵一样漂亮。"此项工作后来发表在 *Acta Materialia*，英国工程师杂志 *The Engineer* 专门报道该研究的突破性成果，题为《重量监控者：英国科研组解决了用于生产减重70%的喷气发动机零件的技术》（*Weight watchers: UK team pinpoints technique to produce jet engine parts that are 70 per cent lighter*，2002)，并获得了牛津大学材料系的"Merit Award"以及牛津材料协会"Johnson Matthey"奖杯。值得一提的是，了解到此项研究的先进性和重要性，彭华新将这一以钛合金涂覆 SiC 纤维法制备航空发动机用复合材料的工作第一时间撰写了一篇文章发表在了中国科学院金属所主办的杂志 *J Mat Sci Tech* 上，以期借此介绍给国内同行。

二十年海外情，一颗赤子心

在国外待了近二十年的彭华新，家庭生活稳定，事业发展顺利。在英国的材料领域，拿着中国大学博士学位在同一个罗素集团（Russell Group）大学从讲师一步一步晋升到正教授的不多。就布里斯托大学的国际地位而言，中国驻英国大使刘晓明先生曾经在应邀访问布里斯托大学时说道："有人告诉我布里斯托被誉为是'英国的 MIT'……我应该说 MIT 是'美国的布里斯托'（"I was told that Bristol was regarded as the 'British MIT'... perhaps I should say that MIT is 'American Bristol!'）。"

在牛津大学时，也的确有人建议彭华新再攻读一个牛津大学的博士学位，这样会更有利于以后的发展。而当时在全英国材料界当教师（Faculty）的几位华人老师的确都是在英国拿到的博士学位，而且好几位就是牛津大学材料系的博士。但是彭华新坚信自己的基础和能力，用了不到十年的时间在布里斯托大学实现了三级跳，从一名讲师晋升到高级教师、准教授和终身正教授。用自己的经历证明了哈工大的博士学位同样具有国际竞争力，这在一定程度上也诠释了哈工大"规格严格，功夫到家"的校训。

在布里斯托大学任教期间，彭华新直接参与了布里斯托大学复合材料研究所(ACCIS)和纳米科学与量子信息中心(NSQI)的创立并任NSQI中心首任常务副主任，作为核心成员为布里斯托大学争取到了劳斯莱斯全球唯一的复合材料大学技术中心、英国唯一的复合材料博士培训中心和英国国家复合材料中心，而今的布里斯托大学复合材料研究所(ACCIS)已经成为世界复合材料研究的领头羊。

在外人看来，彭华新的科研工作可谓蒸蒸日上，但他自己不安于现状，心中总想做点更有意义的事情。在应邀访问布里斯托大学的时任浙江大学常务副校长宋永华的鼓励下，申报了国家"千人计划"，其间也得到了哈工大校友会会长程凯教授的支持与帮助。作为十八大以后的第一批"国家特聘专家"入选者，在得到入选通知三个月后，彭华新带着自己的辞职报告回国了。

让彭华新记忆犹新的一件事，发生在2013年初，中国驻英国大使刘晓明先生应邀访问布里斯托大学，彭华新陪同他参观英国国家复合材料中心时问起中国在先进复合材料领域的现状以及是否也有类似的研发中心。这件事一直萦绕在彭华新心里，对于在这么短时间内就决意辞去教授职位并回国做全职工作，彭华新很多英国的同事都有些吃惊。在告别会上被问起为什么回国时，彭华新的回答很是直接：回到自己的家乡不需要理由（You do not need a reason to go back to your hometown）。在彭华新看来，"所谓的情怀是一种发自内心的、自然而然的东西，没有那么复杂，也不必要多讲"。

回到国内的彭华新，积极推动复合材料研究并牵头成立了浙江大学功能复合材料与结构研究所，彭华新言明自己创办研究所的另一个重要原因，"我想尽可能创造一种健康的环境：一是汇聚一批出类拔萃的学生；二是有着追求真理和献身科学的学术氛围；三是给予学生比较宽松的自主学习的空间；四是要有国际化的视野以及相对较好的软件和硬件条件"。现如今，全国高校正处于推进"双一流"建设工作的阶段。关于什么是"一流"，彭华新的见解是：如果世界上的研究者都愿意到你

杜善义院士给彭华新教授题词勉励

这儿来交流访问,你就是"世界一流"。回想起回国前同事好友的不解甚至善意的担忧——担心他回国后适应不了国内的工作环境、工作开展不顺利等等,彭华新很自豪地展示了在功能复合材料与结构研究所成立揭牌之际,导师杜善义院士亲笔题写的:雄关漫道真如铁,而今迈步从头越。在此激励下,彭华新积极推动与国际一流的复合材料中心合作,牵头成立了浙江大学"先进复合材料与结构"海外学术大师联合工作室,并作为大会主席筹办第12届亚澳复合材料大会(ACCM-12),努力为提升复合材料的研发水平贡献一份力量。

罗熙淳

哈工大人在海外
HAGONGDA REN ZAI HAIWAI

HARBIN INSTITUTE OF TECHNOLOGY

  2002年毕业于哈尔滨工业大学机电工程学院精密工程研究所，获超精密加工博士学位。2004年于英国利兹城市大学获精密工程博士学位。2004年11月至2007年8月在英国克兰菲尔德(Cranfield)大学精密工程研究中心从事博士后研究，他于2007年9月受聘于英国赫尔瓦特(Heriot-Watt)大学任讲师并组建精密工程研究组、雷宁绍（Renishaw）先进测量实验室和纳米加工实验室。于2012年5月至2013年6月任英国哈德斯菲尔德(Huddersfield)大学准教授（Reader），并领导英国基金委超精密测量研究中心先进制造研究组。他于2013年6月受聘于英国思克莱德(Strathclyde)大学任教授，及精密制造研究中心技术主任。现兼任欧洲精密工程及纳米技术学会科学委员会成员，英国先进成型研究中心技术委员会顾问，国际纳米制造学会会士，英国机械工程师学会会刊，微制造、微机器、机械科学、纳米制造和测量等国际期刊编辑。他于2010年被爱丁堡皇家学会评为"苏格兰未来制造学科学术带头人"，2015年获英国机械工程师学会Ludwig Mond奖。

结缘超精密加工

1998年3月,满怀着对未来的憧憬,罗熙淳考入哈工大精密工程研究所,师从董申和梁迎春教授攻读博士学位。哈工大严谨踏实的学术作风和自由开放的学术氛围深深地感染了他,在此期间他如饥似渴地学习超精密加工的基础知识,并对超精密金刚石切削有了感性的认识。

两位导师治学严谨,对超精密加工发展高瞻远瞩,他们敏锐地意识到超精密加工基础理论研究的重要性,而分子动力学必将为未来超精密加工理论的探索提供有力的支撑。于是他们在1998年在哈工大开辟了基于分子动力学的超精密加工基础理论的新研究方向,申请并获得了国家自然基金委重点项

2002年3月博士学位论文答辩与导师和答辩委员会的合影

目"微纳机械加工表面形成机理研究"的经费支持。

由于美国和日本学者也只是在20世纪90年代初才开始此类研究,当时参考资料极其有限,开展这项工作的难度极大。在两位导师的鼓励和支持下,罗熙淳克服了重重困难,通过自学分子动力学基础理论,自行编制仿真程序。在分子动力学仿真最关键的时候,梁老师一连几个晚上都陪着他在实验室调试程序,终于在1999年实现了突破,成功地进行了国内首次对单晶铝、单晶硅超精密车削的分子动力学研究。在2000年基金委项目中期考核中分子动力学的研究成果由项目负责人董老师向基金委评审专家做了重点汇报,获得了"优秀"的评语。在2002年3月博士论文答辩中,他的论文受到了由袁哲俊教授担任组长的答辩委员会的好评,并顺利获得超精密加工博士学位。

2000年11月,罗熙淳被哈工大选派到英国利兹城市大学,在教育部"长江学者特聘教授"程凯老师的指导下攻读第二个博士学位。程老师也是哈工大校友,他秉承了哈工大严谨踏实的治学传统,对罗熙淳高标准严要求,一

2004年11月博士毕业典礼与导师程凯老师和学院院长的合影

篇文章经常是改好几遍才同意投稿。在程老师的指导下，罗熙淳阅读了大量超精密机床设计的英文著作，极大地开阔了视野，并提高了英文写作能力。罗熙淳博士期间在 *Wear* 和 *Journal of Materials Processing Technology* 发表的论文获得了上百次的引用。他 2004 年 7 月在利兹城市大学顺利通过答辩获得了精密工程博士学位。论文答辩外部考官、来自克兰菲尔德大学的英国皇家工程院院士 Paul Shore 教授对他的博士论文和工作赞赏不已。他在第二天进行的博士后面试中脱颖而出，成功地拿到 Paul Shore 教授研究中心的博士后职位。在哈工大和英国的求学岁月是罗熙淳人生最有收获的 6 年，为他今后的发展奠定了坚实的基础。

厚积薄发

罗熙淳认为博士后的研究经历对他个人的发展起到了承前启后的作用。在该阶段虽然没有拿学位和撰写毕业论文的压力，但多了对学科发展自主思考的机会。

经过激烈的面试竞争，罗熙淳在 2004 年 11 月开始了在英国克兰菲尔德大学精密工程研究中心的博士后研究工作。作为超精密加工技术的发源地，该研究中心在超精密加工装备制造和工艺研究中一直处于世界领先地位，并和世界其他一流的研究单位如美国的劳伦斯国家实验室、德国的 Fraunhofer IPT 研究所、日本的 Riken 研究院有着密切的交流合作。该中心由英国皇家工程院院士与欧洲精密工程和纳米技术学会主席 Paul Shore 教授领导，有 20 多名经验丰富的全职研究人员。在这里罗熙淳感受到了和哈工大精密工程研究所一样浓厚的学术气氛，他满腔热情地参与了多项世界前沿研究项目。

刚刚加入克兰菲尔德大学不久，他就接手了该中心不久前承接的美国航天局（NASA）的一项棘手的任务。NASA 计划发射新的太空望远镜（詹姆斯韦伯号）以替换超期服役的哈勃太空望远镜。可他们在加工太空望远镜最关键的分光镜组中遇到了严重困难。该镜组光学设计极其复杂,对空间定位精度、面型精度和表面粗糙度要求极为严格。他们在全球选择了多家光学生产厂商和科研单位进行加工实验,以期达到设计精度要求。接到任务邀请后,克兰菲尔德大学精密工程研究中心组织人员设计了独特的工装,在自行研制的超精密车床 Nanocentre 上加工这套分光镜组,可是似乎存在原因不明的系统误差,总是达不到空间定位精度要求。罗熙淳在接手了此项目后,花了几天的时间重新推导了加工程序的轨迹算法,终于找到并修正了原数控程序的系统误差,甚至指出了 NASA 设计人员在光学系统设计上的一个小错误。之后加工的整套样件经 NASA 检测被证明是全球唯一完全达到加工要求的样件。他的工作使得该中心成功地拿到了订单。此后罗熙淳又重新编写新的数控代码,将每块分光镜的加工时间由试验阶段的 4 周缩短到 1 周,使得整个项目顺利、按时完成。

2014 年 9 月在英国主持 IEEE ICAC2014 国际会议期间与哈工大校友合影

但这只是他在博士后期间承担的周期最短的一个项目。除此之外，在总共历时4年的英国基金委基础研发重大课题中，他负责开发了三轴大型超精密自由曲面磨床BOX的数控软件和磨削模式。这一创新性的磨削模式使得机床的动态刚度大幅度提高。同时由于采用他独立开发的先进的数控插补算法，该机床只需三轴联动便能实现高精度大型（口径1.2米）的自由光学镜片的加工，并能够实现比现有超精密数控磨床快10倍的加工效率。在机床的安装调试阶段，为了能够保证这些任务按时完成，罗熙淳干脆把办公室搬到了超精密加工试验室的准备间，每天都工作到很晚。此后该机床承接并完成了欧洲天文中心超大地面望远镜（ELT）自由曲面的加工任务；与此同时罗熙淳在一项英国基金超精密自由曲面加工的项目中开发了一套新的动态误差补偿系统，将现有加工效率提高了20倍；在另一项英国基金项目中他提出了三维刀具磨损测量方法，在此基础上改进商用超精密机床的温控系统和切削冷却液，克服了硅片加工中金刚石刀具急剧磨损这一长期困扰超精密加工界的问题，首次实现了口径超过200 mm的红外复杂光学透镜金刚石超精密切削。

在克兰菲尔德大学精密工程研究中心三年的磨炼使得罗熙淳获得了宝贵的第一手的超精机床设计、数控系统开发、自由光学曲面超精密加工的经验。通过参与的这些项目他结交了一批超精密加工业界的精英。这一经历增强了他的自信心，更为重要的是让他亲身体会到了世界一流研究中心的管理方式，为将来独立领导科研队伍打下了基础。

白手起家

在英国，从博士后到正式教职(讲师)是很关键的一步,也是很困难的一步。工科领域一般只有10%的博士后才能在做完一轮博士后以后找到正式教职工作。与做博士后明显不同的是，做讲师要花大量的时间和精力从事教学活动，同时还要规划研究方向，组建自己的实验室和研究团队，并申请经费支持。这对每个新讲师来说都是极大的挑战。

罗熙淳在2007年7月通过了激烈的面试，成功地拿到爱丁堡赫尔瓦特大学的讲师职位。该学校是英国的老牌大学，在激光加工、光电子、量子物理方面很有名气，并拥有当时英国基金委在苏格兰设立的唯一一家制造研究中心。由于留恋克兰菲尔德大学一流的试验条件和工作环境，他对是否接受这一讲师的职位犹豫不决。在人生转折的关键时刻，他英国的博士导师程凯老师和哈工大的博士导师梁迎春老师都鼓励他再接再厉，要敢于从零做起，白手起家。在这两位导师的鼓励下，罗熙淳终于做出了重要的人生选择，在2007年9月开始了他的讲师生涯。

经过深思熟虑，罗熙淳决定基于自己在超精密加工领域的研究经验，拓展微复合加工和纳米制造，这样不但可以充分发挥自己的优势，而且可以和赫尔瓦特大学的激光加工、微机电系统、纳米光学研究形成很强的互补。这一研究规划得到了学院的大力支持，不但批准了2万英镑的科研启动经费，而且任命他组建雷宁绍（Renishaw）先进测量实验室。该实验室由世界知名的测量公司雷宁绍和赫尔瓦特大学共同出资100万英镑建造，经过他一年多的辛勤规划和筹措，该实验室在2009年建成使用，成为苏格兰地区最先进的精密测量实验室和产业服务中心。依托此实验室，罗熙淳建立了与雷宁绍、世界知名的半导体制造企业意法公司、苏格兰微电子中心的长期合作和科研经费支持。由于学院物理系和电子系主任对他提出的在微纳制造方面的合作方案表现了浓厚的兴趣，他们都决定对罗熙淳的团队免费开放实验室。依托学院的支持，罗熙淳连续3年成功地吸引了4名英国海外学生奖学金获得者加入他的团队，使得他的研究得以实施。2010年他以讲师身份和很多大牌教授竞争，成功地拿到了40万英镑的苏格兰基金委在纳米制造领域唯一资助的项目，使他得以建立自己的纳米制造和测量试验室。同年他被爱丁堡皇家学会评为"苏格兰未来制造学科学术带头人"。罗熙淳很庆幸自己能够在赫尔瓦特大学友好、自由、公正、平等的学术环境下成长。

2012年5月罗熙淳顺利拿到了英国哈德斯菲尔德大学的准教授（Reader）职位。哈德斯菲尔德大学拥有英国基金委资助的唯一的先进测量研究中心，罗熙淳则领导中心的先进制造研究组。在任职期间他与中心主任英国皇家科学院院士蒋向前教授和她领导的团队在超精密机床在线检测方面开展了密切合作。他充分利用了在10月份开课前5个月没有教学任务的良好时机，一口气写了三个英国基金、一个欧盟和一个中英国际合作项目的申请报告，这是他在从事教职工作以来最高产的一段时间。2013年他成功地拿到了英国基金委机械加工领域在该年度资助的唯一一项重大项目和一项国际合作

2015年1月陪同哈工大梁迎春、孙雅洲和刘海涛老师在英国访问

项目。

2013年6月罗熙淳接受了英国的思克莱德（Strathclyde）大学的聘请担任超精密制造教授，并兼任英国先进成型制造中心技术顾问。该大学建于1796年，前身为英国皇家理工学院，其理工科实力雄厚，是全英唯一拥有8个国家级重点实验室的工学部。罗熙淳入职不久便筹建了精密测量和超精密加工两个实验室，并于2014年与另外三位同事发起成立了思克莱德精密制造研究中心，并出任中心技术主任。经过几年的努力，该中心成为英国代表性的精密工程研究机构，现领导多项欧盟 Horizon 2020 课题，在研项目经费近1千万元英镑，在欧洲先进制造领域获得了很高的声誉。

秉承哈工大"规格严格，功夫到家"的校训，罗熙淳自2008年起组建了一支优秀的研究团队。他对来自不同国家的团队成员一视同仁，在学术上严格要求，在生活中体贴关心。这使得团队成员在学业上精益求精，他们关系融洽、互助互爱。他的团队在微加工装备制造、纳米制造和硬脆材料超精密加工领域闯出了一片天地。前后共有6人获欧洲精密工程和纳米技术学会的 Heidenhain 奖。罗熙淳十分重视国际交流合作，他与欧洲各国精密工程研究机构和制造企业等一直保持密切的合作，合作伙伴涉及量子物理、纳米光学、光电子、生物医疗、清洁能源等多个领域。作为大会主席他举办了两届 IEEE 自动化国际会议（ICAC 2015 和 ICAC 2014）。此外他接受了多名来自中国、印度、西班牙、德国的访问学者和学生。

继续前进

回顾自己20年来在超精密加工领域的研究经历，罗熙淳对哈工大的培养、关怀和鼓励感激不尽。2014年7月哈工大的董申老师访问了他的研究中心并给他的团队做了"创新能力建设"的报告，极大地激发了团队的科研热情。

2015年初，梁迎春老师也利用执行中英合作项目的机会访问了他的研究中心，并走访了英国多家知名的超精密科研单位和制造企业。临别时梁老师勉励他做好英国的教授。虽然不能直接回到母校做贡献，但近几年他与哈工大梁迎春老师合作申请并完成了两项国际合作人才项目和一项科技部的国际合作项目，联合培养了7名博士研究生，并联合发表了20多篇高水平的学术论文。

罗熙淳认为超精密加工与自动化的融合必将是未来先进制造领域的发展趋势，而加工过程的数字化、智能化是其中的关键。2014年他的团队发表了数字技术在微纳制造应用方面的研究成果，并获得了英国机械工程师学会2015年度最高奖——Ludwig Mond奖。2016年他领导的英国国家基金重点项目成功地开发了世界首台六轴联动超精密复合加工中心，并与项目合作伙伴哈德斯菲尔德大学蒋向前院士的团队和赫尔瓦特大学孔宪文博士的团队联合开发了微加工的自动化柔性生产系统。该系统实现了高效超精密复合加工、在线检测和在线装配。此外他领导团队开发的微小零件的复合加工工艺解决了微小零件加工周期长、表面粗糙度差的问题。已成功帮助美国苹果公司光学设计中心开发了下一代智能手机Time of Flight照相机系统。

"千里之行，始于足下"，罗熙淳始终认为科研工作是一个不断积累、不断超越的过程，一个阶段的成果很快就会成为下一阶段的起点。只有发扬"愚公移山"精神坚持不懈地学习和积累，才能克服困难取得进步。秉承着这一精神，他和他的团队将书写超精密加工发展的新篇章。

哈工大人在海外

田应涛
HAGONGDA REN ZAI HAIWAI

HARBIN INSTITUTE OF TECHNOLOGY

　　田应涛，陕西周至人，2000年至2006年在哈尔滨工业大学焊接科学与技术系学习，分别获学士、硕士学位。2006年获得英国工程和物理科学研究委员会（EPSRC）博士奖学金全额资助赴英深造，2010年于英国拉夫堡大学取得机械工程博士学位。先后在英国卢瑟福国家实验室、伯明翰大学和曼彻斯特大学从事研究工作，累计完成英国EPSRC研究项目8项，欧盟第七框架Clean Sky项目1项，英国"空客－曼彻斯特先进材料中心"项目1项。2018年获得英国兰卡斯特大学（Lancaster University）工程学院Lectureship，研究方向包括先进制造技术、先进材料与连接技术、增材制造以及智能制造技术等等。

焊接理想　铸造辉煌

跨世纪的一届大学生

2000年进入大学的新生们通常都被大家亲切地称为"跨世纪的一届大学生"。在21世纪开始的第一年，田应涛和他的同学们乘坐K126次列车驶出潼关，穿过太行山脉，越过山海关，跨过大半个东北平原，来到了美丽的冰城哈尔滨，进入到了世界知名的哈尔滨工业大学学习。前往哈工大是田应涛人生中第一次长途旅行，两千多公里的路途让他第一次领略到了祖国的壮丽山河，也预示着他的人生从此开始了新的旅程。

"锻压青春，焊接理想，铸造辉煌！"这是刚刚入校的田应涛在材料科学与工程学院新生大会上听到的第一句话。也就是因为这样的一句话，带着对20世纪50年代为我国快速发展的高等教育及国家工业化建设做出了突出贡献的哈工大"八百壮士"精神的敬仰，带着对"亚洲第一焊接专业"的向往，田应涛从此充满信心地开始了在哈尔滨工业大学焊接科学与技术专业的学习生涯。

在哈工大的学习生活是充实而快乐的，校园浓郁的学习氛围，一流的设施、老师们认真严谨的教学和科研态度，都在田应涛的身上留下了深深的烙印。"规格严格,功夫到家",不仅仅是刻在校训石上,更是深深地刻在了他的心里。无数个夜晚,田应涛都是在自习室、图书馆和实验室度过,曾经有个在外地上大学的高中同学给他们寝室打电话,连续一个月都没有找到他,甚至一度怀疑他们寝室集体出去通宵玩网游了。大学四年里,田应涛所在的班级大部分同学都获得过奖学金,由于学习成绩优秀,他们被评为2003年全校的三好标兵班级。

转眼间到了2004年,田应涛以优异的成绩毕业,并顺利获得校内公费研究生资格,在激光焊接研究组继续硕士研究生的科研与学习。在当时,激光焊接在国内还是一个比较新的研究领域,在导师李俐群教授的指导下,他选择了和沈阳黎明发动机厂合作的"激光熔覆修复高温合金叶片"的研究课题。这个课题为田应涛的科研训练打下了坚实的基础,加上导师悉心的指导,让他品味到了科研的快乐和成就感,这成为他日后科研生涯良好的开端。

英伦成长之路

2006年硕士毕业以后,田应涛将目光投向了更远的地方,并成功地获得了英国工程和物理科学研究委员会(Engineering and Physical Sciences Research Council,EPSRC)博士奖学金全额资助,于拉夫堡大学师从刘长青教授和David Hutt教授攻读微电子加工方向的博士学位。初到英国,一个全新而陌生的环境,原先在国内学的"哑巴英语"在新的环境中显得困难重重。常常碰到一个专业名词,明明在哈工大的时候学过,心里也知道是什么,但就是说不出来。为了突破交流障碍,田应涛秉承哈工大学子特有的踏实认真,去图书馆借来原版的教材,从基础开始,从头至尾将原先在国内的知识框架和英语世界的知识体系一一联系起来,

2010年田应涛博士毕业时和David Hutt教授的合影

短短几个月之后,他便在组内讨论中游刃有余了。

  功夫不负有心人,经过三年多的努力学习和工作,田应涛于2010年获得了机械工程博士学位。并且,他的博士课题研究成果被Selex公司看中,获得了英国Science and Technology Facilities Council(STFC)的成果转化资金支持,在著名的卢瑟福实验室微纳技术中心进行产业转化研究,研究成果最终被列入2012年STFC的发明目录。在卢瑟福实验室的工作完成之后,2012年田应涛又来到了伯明翰大学,在Michael Lancaster教授课题组展开太赫兹通信器件的制备研究。基于之前研究的微加工技术,在2013年他成功地制成了首个基于SU8光刻技术的工作频率可达700 GHz的波导器件,在学界和工业界引起了强烈反响。

焊接是一个特殊的行业，而哈工大的焊接专业就像是一张通行世界的名片。2013年夏，田应涛意外地接到了曼彻斯特大学的电话，邀请他去开展一个高强航空铝合金焊接项目的研究工作。原来，曼彻斯特大学材料学院的Philip Prangnell教授在EPSRC的资助下开始了一个关于航空材料焊接与成型的重点项目，却苦于找不到背景契合的焊接方向的研究人员。恰巧哈工大焊接系毕业的陈迎春师兄一直和Prangnell教授合作进行搅拌摩擦焊的研究，便建议曼彻斯特大学材料学院负责招聘的秘书去寻找哈工大焊接专业毕业的学生。就这样，机缘巧合之下，田应涛来到了历史悠久的曼彻斯特大学，重新回到了熟悉的焊接领域。

在曼彻斯特大学工作的四年时间里，田应涛作为主要研究人员，圆满完成了多个EPSRC和欧盟的项目，并且转向了刚刚兴起的增材制造和金

2015年夏在德国汉堡参加欧盟项目会议

属 3D 打印领域。由于焊接和增材制造的相似性，田应涛在新的领域内如鱼得水，先后在激光、电弧、电子束 3D 打印领域进行了深入研究，涉及钛合金、铝合金、镍合金等几乎所有可用于打印的材料。

无论哪个领域的科学研究，都要经过长时间的积累，科学研究从来就没有速成和捷径。博士毕业以后多年的科研积累，使得兰卡斯特大学向田应涛伸出了橄榄枝，2018 年初，田应涛获得了兰卡斯特大学工程学院的 Lectureship，从此不只是一名科研人员，而且是一名独立的学术带头人了。在兰卡斯特大学工作以来，他迅速成长，短短几个月便配备好了自己的实验室，申请到了学院的资助，开始自主招收博士生，按照自己的想法来做科研。短短半年多时间，他就已经获得了英国焊接研究所的 4 项资助，在电子束焊接、搅拌摩擦焊、电子束增材制造、激光增材制造以及面向"工业 4.0"的智能化制造领域开展研究工作。很早以前田应涛就认识到了科研和工业界要紧密结合的重要性，他一直积极地和工业界保持紧密联系，目前已经有 Wolfmet、Profeta 和 Cooksongold 等多家公司对他的研究表示出浓厚的兴趣。未来的路也许还很漫长崎岖，但是他充满信心，勇敢向前。

心怀母校，助力中英"黄金年代"

作为一个哈工大人，从来都是家国天下，绝不会独善其身。在紧张的科研工作之余，田应涛自 2010 年以来一直担任哈工大英国校友会的秘书长，在程凯教授等老一辈校友和王礼良会长的带领下，积极建设英国校友会，为在英国生活、工作和学习的校友服务，为母校建设和中英科技文化交流贡献哈工大人的一份力量。2015 年习主席访问英国，开启了中英关系的"黄金年代"，这也是每一个旅英华人的黄金年代。在田应涛和校友会骨干们的努力下,哈工大英国校友会不断壮大,影响力与日俱增。2016年夏,时任黑龙江省长陆昊率团访问英国,在伦敦和曼彻斯特受到了哈工大校友会为主体的龙江学子和校友代表们的热烈欢迎。陆省长在座谈会上看着热情的哈工大同学和杰出校友们,风趣地对陪同的周玉校长说:"我今天算是真正见到了哈工大人才辈出,名扬海内外,果然名不虚传。"

牛顿曾经说过:"我之所以能取得现在的成就,是因为我站在巨人的

2017年哈工大英国校友在伦敦帝国理工学院聚会合影

肩膀上。"在田应涛的成长之路上，母校哈尔滨工业大学就是那个历经百年沧桑却依然屹立不倒的巨人，无论历史如何变迁，社会如何变革，母校用那有力的臂膀，为每一位在哈工大学习工作过的孩子，撑起一个世界一流的科学殿堂，插上一对能够追逐梦想的翅膀！在母校百年华诞之际，田应涛衷心地感谢母校，感谢教导过他的可亲可敬的老师们，并祝愿母校未来再谱华章，发展更加辉煌！

哈工大人 在海外

贾光磊 马 欢
HAGONGDA REN ZAI HAIWAI

HARBIN
INSTITUTE
OF TECHNOLOGY

  贾光磊，山东省青岛市人，生于1982年，现任全球领先的电影电视视觉特效、动画和三维转制服务提供商Double Negative副总裁，中国事务总监。贾光磊和马欢均于2000年考入哈尔滨工业大学市政环境工程学院，同时就读于给水排水专业。2004年大学毕业后，贾光磊赴英国诺丁汉大学继续深造，学习环境管理与地球检测专业。毕业后，以其出色的专业技术和学习能力，逐渐从数字测量发展到影视拍摄和电影特效行业，从此开启了一段精彩的电影人生。

  马欢，黑龙江大庆人，生于1982年，现任Black & Veatch公司水处理高级工程师。马欢于2007年就职于水处理行业世界知名的Black & Veatch公司，扎扎实实，一步一个脚印，经过十余年的勤奋努力，成长为一名具有世界一流技术和管理水平的高级工程师。

回忆哈工大

情定工大，电影人生

2000年，贾光磊考入哈尔滨工业大学市政环境工程学院给水排水工程专业，2004年毕业获得学士学位。同年9月进入英国诺丁汉大学工程测量与空间信息研究所进行硕士研究生的学习，师从诺丁汉大学土木工程学院院长Alan Dodson教授、孟小林教授和中国测绘研究院李成名教授。

2006年6月，贾光磊毕业获得环境管理与地球检测硕士学位。其硕士论文为《创建诺丁汉大学数字校园》，在其中贾光磊使用并引入了精确测量、激光扫描、倾斜摄影、数字高精度建模、贴图、渲染、灯光、地理信息导入等技术。此项目在贾光磊硕士在读期间得以继续研究数年，成果被诺丁汉大学并入数字化管理系统中。

毕业后，他加入了当时英国最大的测量公司Plowman Craven，很快成为公司在激光测量工程应用方面的顶梁柱。他从事的激光、摄影测量在桥梁、道路、考古、文物保护、古建筑保护和还原等领域都有广泛应用。他曾经亲自参与了英国BBC历史频道的木乃伊复原纪录片。为节目组提供了木乃伊扫描的精确三维模型，从而为纪录片里的木乃伊原型身份分析和真人相貌还原提供了准确模板。

贾光磊的激光和摄影测量技术还为国家安全提供技术支持。他的项目组曾经被要求和英国警察合作,对一个车祸现场进行激光和摄影测量,从而帮助警方在电脑中还原被告司机的操作过程,从而对其是否应该承担刑事责任进行判断。

贾光磊早期积累起来的丰富的现场经验,很快就在另一个看起来毫不相关的领域发挥了作用,那就是电影制作中的视觉特效。由于公司业务的拓展,贾光磊很快就加入到了当时世界知名的《哈利·波特》剧组,对电影拍摄现场场景、演员和道具进行精确的激光扫描,通过拓扑、对模型材质和三维影像进行精确的建模,从而为电影视觉特效公司提供高质量的模型。他从第一天参加电影拍摄,就对这一领域产生了浓厚的兴趣。他在拍摄现场敬业的工作精神和制作出的高质量模型,很快就得到了业界的认可。很多制片商已经

贾光磊和同事在航拍现场

记住了他的名字,在需要模型时,直接就向他的公司点名要让他来做。

在贾光磊看来,一个人能够在国外成熟的公司存活下来,并且做出一点成绩,个人是要做出巨大努力的。工作中不管是甲方是否对模型满意的"大事",还是不迟到早退这样的"小事",都要一样地认真对待。出去做项目时,他会积极与甲方沟通,充分领会每一个镜头对视觉特效模型在精度和细节方面的要求,拍摄时他充分抓住每一分钟,对甲方后期制作可能需要的每一个场景进行取景。因为一旦拍摄结束,再想还原场景就变得非常困难、昂贵。

当然能够成为公司的顶梁柱,单单认真办事还是远远不够的。贾光磊为公司在视觉特效项目应用技术方面进行积极研发,对新员工进行全面的技术培训,为公司主要项目做技术把关。在七年时间里为公司在此领域的业务闯出了一席之地。

七年中,他参与了100多部经典电影的视觉特效制作,其中包括《哈利·波

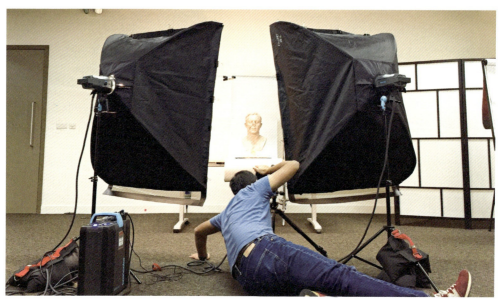

贾光磊在工作室精心调试拍摄设备

贾光磊登上 TED 演讲台

特》系列之第五部、第六部、第七部及收官之作第八部,全球知名的《007》系列电影三部,《谍影重重》《银河护卫队》《钢铁侠》《权力的游戏》,等等。

结束了在第一家公司的历练,贾光磊转到了业界知名的视效公司 Double Negative。贾光磊从业以来,参与超过 100 部好莱坞电影和电视剧的经历给他带来丰富的经验。对行业的深入了解以及与客户的专业关系、扎实技术知识和管理经验,使贾光磊一再受到客户的称赞。作为一个完美主义者,贾光磊不断追求新的挑战,激发创新和独特的解决方案,以不断领先于竞争对手。

Double Negative 总部设在英国伦敦,分公司遍及温哥华、蒙特利尔、洛杉矶、孟买、清奈等。全球雇员超过九千人。Double Negative 在过去的五年中荣获四座奥斯卡最佳视觉特效奖杯。最近作品包括《毒液》《神奇动物在哪里2》《碟中谍6:全面瓦解》《银翼杀手2049》等。贾光磊的加入,填补了 Double Negative 在三维模型获取技术方面的空白。他带领的团队能够保证三维模型快速并高质量地完成，大大增加了后期艺术家创作效率，从而使整个项目工期缩短，为公司带来了效益，为制片方带来了满意的作品。

随着祖国电影业的蓬勃发展，贾光磊开始带领公司拓展中国业务。他先后代表公司参加了 2016 年和 2018 年的中国国际动漫节，到中国美院、中央美院、中国著名制片公司华策影视分享经验。拓展业务的同时，贾光磊也没有忘记母校的培育。他于 2017 年回到母校的机电学院分享了视觉特效行业的特点和技术概况。

和国内知名导演特别是年轻一代导演合作的过程中，贾光磊都毫无保留

参加新片发布会

贾光磊参加第 12 届中国国际动漫节专访

地贡献他的经验和资源。他还在国内相关行业人员到英国培训时担任讲师的工作，为中国电影制作公司和西方顶级特效公司合作铺设了一座桥梁，为中国的电影制作水平和国际水平接轨不遗余力地贡献着他的一份力量。

贾光磊和爱人马欢相识、相知、相恋于哈工大校园，共同携手从哈工大走向更广阔的舞台。马欢从 2007 年 5 月起就职于美国 Black & Veatch 英国分公司，成为一名水处理工程师。她的客户是英国最大的水务集团 Anglian Water（盎格鲁水务）。她在接下来 10 年的工作生涯中，为盎格鲁水务集团旗下污水处理厂的建设、评估、运营贡献了全部力量。由于工作方式和管理方式完全不同，马欢克服了最初几年的不适应，对语言、系统和不同的指标进行了系统的重新学习。

十年来，马欢对英国以及相关国家水务管理、经济、运行和工艺，以及项目设计流程、工作协作方面都有不同程度的涉及并积累了丰富的经验。由于扎实的专业功底和出色的工作成绩，马欢成为英国水和环境管理学会（*Chartered Institute of Water and Environment Management, CIWEM*）的注册会员。

哈工大的校训"规格严格，功夫到家"使她受益终身。无论人走到哪里，顺境或是逆境，坚持学习，认真对待工作，懂得沟通，路就会越走越顺。不要期待着成功的光环，一生都准备好踏踏实实做事，做具体的工作，有一颗朴实无华、谦卑的心，才会珍惜生命中的每一道风景。

童 振
HAGONGDA REN ZAI HAIWAI

哈工大人在海外

  毕业于哈尔滨工业大学机电工程学院，分获硕士、博士学位。2008年进入哈尔滨工业大学精密工程研究所从事超精密加工关键技术研究。2011年基于中英青年学者交流合作项目，由院系派出赴英国留学，并获英国斯克莱德大学（University of Strathclyde）博士学位。2015年博士毕业后，以研究员的身份就职于英国哈德斯菲尔德大学精密技术中心（Centre for Precision Technologies，CPT），任中心超精密加工课题组负责人，博士生导师；2018年6月晋升为高级研究员（永久职位）。目前是国际生产工程科学院青年会员（Research Affiliate of CIRP）、欧洲精密工程与纳米技术学会国际专家委员会委员（International Scientific Committee Member of EUSPEN）、国际磨粒技术委员会委员（Associated Member of ICAT）、国际纳米制造协会会员（Member of ISNM），同时兼任曼彻斯特领区科技成果转化中心主任、哈尔滨工业大学英国校友会副会长。

勇于创新　敢于实践

在海外求学和工作期间，童振先后作为主要研究人员参与多个英国国家工程和物理科学研究委员会（EPSRC）项目（EP/I033424/1，EP/P006930/1）和中国国家自然科学基金委（NSFC）项目研究（No.E050903，No.50925521）。主要研究方向为超精密切削加工工艺技术研究、嵌入式计量与在线误差补偿技术、光学自由曲面加工检测一体化技术、计算模拟仿真技术研究。2017年联合4所大学和8家企业申请获得欧盟地平线项目500万欧元（约人民币4 000万元），用于功能性微纳米结构表面的高精度大规模制造技术的研究，并担任该项目执行委员会委员（项目编号：ProSurf-767589）。2019年申请获得英国EPSRC战略装备项目合计1 164 000英镑（约人民币1 000万元），用于搭建英国首个超精密自由曲面加工检测一体化平台，大学配套经费支持新实验室建设，预计2021年初竣工，并担任该设备和实验室负责人。

个人的发展离不开母校的课题组培养和校友的支持。哈尔滨工业大学不仅是他科研生涯的起点，也是人生得以扬帆远航的港湾。十二年光阴，从初涉专业的青涩懵懂到如今研究中心最年轻的课题组负责人，童振始终不忘"规格严格，功夫到家"的校训，十二年潜心研究，勇于创新，敢于探索和实践。

潜心科研，不忘初心

时光荏苒，但是在童振心里，与哈工大有关的时间刻度他总是记忆犹新。

2008年7月，童振跨校跨专业考入哈尔滨工业大学机电工程学院攻读硕士学位，怀着对未来的憧憬首次迈进哈工大精密工程研究所。彼时正是暑假，还未正式开学，他申请提前进入课题组，和实验室的师兄师姐学习交流，感受实验室的研究氛围。也就是从那个时候起，在导师白清顺教授的指引和师兄师姐的带动和影响下，哈工大"规格严格，功夫到家"的校训便深埋于心，并对他日后的为人和做事都产生了深远的影响。

2009年，基于跨专业考研打下的坚实基础和平日的刻苦学习，在研究生学习的第一年，童振成绩脱颖而出，以综合测评分98.33的成绩名列专业第一。第二年硕士课题研究阶段，在硕士导师白清顺教授的指导和鼓励下，童振基于大规模并行分子动力学计算仿真技术研究了纳米晶体材料在不同工况下的拉伸力学特性。该课题不仅需要理论编程计算，还需要进行大量的数据分析和处理，阅读许多固体力学和计算模拟理论书籍，因而使得童振的科研能力和理论基础在此阶段得到极大提升。

"书读百遍，其义自见"是童振对理论研究的深刻领悟。在导师和师兄们的悉心指导和鼓励下，硕士期间他发表了1篇SCI期刊论文和2篇EI国际会议文章，并获哈工大"金牌"硕士研究生和黑龙江省优秀毕业生，硕士毕业论文获哈工大优秀硕士论文。秉持着对哈工大的钟爱与科研的热情，童振在研究生第一年课程学习结束后，便获得直攻博保博机会，师从超精密加工领域国际著名专家梁迎春教授，从此开始了对超精密金刚石刀具切削加工工艺技术和纳米切削机理的研究。

时光稍纵即逝，短暂而珍贵的博士第一学期很快结束。2011年那一年，出国联合培养已成为博士生培养的新趋势，摆在童振面前的有两种选择：一是预留师资，申请国家公派短期留学项目，选择一所世界顶级学府的研究团队联合培养一年后回国；二是参加课题组的中英合作交流项目，可长期在海外求学，并可申请获得中方和英方两边学位。

在当时，去一所世界顶级的大学短期留学并在哈工大留校任职对童振而言，无疑是最理想和稳妥的选择。然而，为了更好地提升个人学术研究能力、拓展国际视野和融入国际科研共同体，敢闯敢拼的性格最终使他选择了后者。参与中英合作交流项目，从事双边的课题研究，并在同年申请获得了英国苏格兰海外优秀留学生奖学金（ORSAS）和詹姆斯·瓦特（James Watt）奖学金资助攻读英方大学博士学位。至此，他正式将科研生涯的聚光灯投射在自我奋斗与成长中。

其实，早在2009年前选择读博这条道路的时候，童振便把科研当作一种信仰在追求。他曾在日志中写下："读博是一种信仰，是一种提升自身能力、全面发展的狂热的追求，是难得的深刻地认知世界、探索人类社会和自然规律的机会……只有排除一切看似很主要的干扰因素，才能摆正心态，坚定信念，全身心地投入到课题研究中去，无怨无悔！"

本来已经选择了读博的困难模式，而命运却跟他开了个玩笑，开启了疯狂模式。英国求学之路并非想象的那样一帆风顺，不同的研究环境，不一样的思维模式，两头课题研究的任务时常让他觉得需要不停切换大脑的思维频道。虽勤能补拙，而给他的时间却并不充裕。在英国求学的三年，海外导师罗熙淳教授职业发展三连跳，童振追随导师先后求学于英国赫瑞瓦特大学（2011—2012）、英国哈德斯菲尔德大学（2012—2013）和英国斯克莱德大学（2013—2014）。三年辗转英伦三地，适应三座城市和三所大学的科研与生活环境，课题研究与生活的节奏反复被打乱。更让他痛心的是2014年9月，国内导师梁迎春教授突然病逝，恩师的不幸离世让身在海外的他悲痛不已，顿时感觉自己像一艘黑夜里迷失在大海上的孤帆，看不见远方的灯塔。

"心有不甘当自强，短暂的一生要活得有激情，活得精彩。"不忘初心，他排除一切杂念，静心整理了三年来在不同大学的研究思路和阶段性结果，并和海外导师罗教授讨论论证了研究内容的衔接点，重新调研和查缺补漏，编写和调试新程序计算，利用曾经就读过的三个大学的实验室资源补充实验数据，终于在后面6个月的时间里完成了海外博士课题研究。博士答辩邀请了精密工程领域国际著名科学家英国皇家工程院院士 Paul Shore 教授作为

2018年6月欧盟项目（ProSurf）主要团队成员合影

外审答辩官，论文获得答辩官们的一致好评，顺利获得海外博士学位。善始善终，国内导师的离世并没有使他放弃哈工大博士学位，在征求了双边导师团队的意见后，他补充了新的仿真和实验数据，利用业余时间完成了国内课题研究并顺利通过答辩，为博士求学生涯画上了圆满句号。

磨砺以须，牛刀小试

不一样的求学经历成了童振工作之后的宝贵财富。2015年博士毕业后，童振成功应聘了英国哈德斯菲尔德大学精密技术中心研究员职位，加入精密工程领域国际著名科学家英国皇家工程院院士蒋向前爵士的团队，继续精密工程领域的研究。坚毅的性格、活跃的思维、丰富的知识体系和扎实的理论基础让童

振很快适应了新的工作环境。在蒋向前爵士和中心主任 Liam Blunt 教授的指导和支持下，他先后申请并获得了多个校内项目的经费，累计 10 万英镑（约人民币 90 万元），并协助指导中心 3 名博士生，开始了自己早期课题组的建设。

2017 年初，在蒋爵士的指导和帮助下，他与四所国际著名大学的精密工程技术研究团队和 8 家欧盟企业联合申请获得欧盟地平线项目 500 万欧元的资助，用于功能性微纳米结构表面的高精度大规模制造技术，并担任项目执行委员会委员（Steering Board Member）。依托该项目，2018 年先后有 2 名研究员、3 名博士生和 2 位访问学者加入了他的课题组，研究领域不断拓宽，科研团队日益壮大。

2019 年童振申请获得英国 EPSRC 战略装备项目合计 1 164 000 英镑，搭建英国首个超精密自由曲面加工检测一体化平台，大学配套经费支持其新实验室建设，预计 2021 年初竣工。该项目的落地使得中心实验室硬件设施跻身世界先进水平，涵盖先进制造加工和检测全过程，满足机械加工工艺研究和质量评定需求。

立足海外，发挥作用

全面发展，调动一切积极因素做事。翻开童振的人生履历，科研之余，他十分热衷于教学和学生工作实践。从哈工大机电学院院办教学秘书助管到海外大学多门课程助教，从哈工大博士班班长到海外大学中国学联主席，从全英学联副主席到中国高校北英格兰地区校友会副会长，再到曼彻斯特领区科技成果转化中心主任，一系列的兼职头衔，不仅勾勒出其丰厚的人生阅历，也刻画出他踏实勤勉、厚学笃行的性格和人格魅力。既有学术研究所需的创新思维与专注，也有从事团队管理的沉稳与大气。这些特质使得他在目前的工作和社会兼职活动中，能带领团队统筹工作、圆满完成各项工作。

2015年10月，童振在习主席一行访问英国曼彻斯特期间，积极参与组织和协调曼城领区广大留学生、学者参加迎接工作，带领大家出色地完成了相关工作，表现突出，获中华人民共和国驻曼彻斯特总领事馆李永胜总领事表彰。

2016年6月，在担任哈工大英国校友会副会长期间，协助校友会会长李鑫博士和欧美同学会圆满完成了时任黑龙江省长陆昊和哈尔滨工业大学校长周玉一行访问曼彻斯特的相关欢迎和接待工作。

2017年4月，积极推动哈德斯菲尔德大学在中国的科研和教育合作，协助促成了该大学与中国多个"985"院校签订了合作备忘录，如上海交通大学、浙江大学、天津大学、西安交通大学等；积极协助推进脱贫公益之旅，组织海外大学生公益募捐和回国赴贫困山区的短期支教活动，不断支持困境儿童和留守儿童的童年教育。一系列活动的成功开展深得人心，在2017年5月于北京举办的校友活动中，受哈德斯菲尔德大学时任荣誉校长约克公爵安德鲁王子和大学副校长David Taylor教授的肯定。

2015年10月曼城领区留学生、学者欢迎习近平主席一行到访曼城

2018 年 7 月中国驻英大使刘晓明访问哈德斯菲尔德大学

2017 年 7 月，在担任中国高校北英格兰地区校友联合总会副会长期间，积极推动大曼地区"一带一路"学术论坛和博士生论坛的举办，并在第十二届"春晖杯"中国留学人员创新创业大赛曼城预选赛和决赛等活动中贡献特别突出，获中国驻曼彻斯特总领事馆孙大立总领事表彰。

2018 年 7 月，在中国驻英国大使刘晓明受邀访问哈德斯菲尔德大学期间，童振积极参与协调大学与大使馆的行程安排，见证了英国约克公爵安德鲁王子与刘晓明大使的会晤，并作为华人学者代表全程陪同，向刘大使介绍大学科研情况和当地华人学生、学者的留学生活和工作情况。

勇于创新，敢于跨界

科学研究一定要和工业生产实践相结合。自 2008 年进入精密工程领域以来，童振先后作为主要研究人员参与多个英国国家工程与物理研究委员会重大专项和中国国家自然科学基金委项目。在刀具制备损伤、切削工艺技术、切削过程仿真、材料去除机理和表面评定方面开展了系列研究。2015年加入蒋爵士团队以后,童振系统学习了功能性表面的检测和评定技术,对超精密加工在线检测、系统集成及过程控制提出了很多新的研究思路。2017年,欧盟地平线项目(ProSurf)的申请成功,使得童振的课题组研究团队进入新的发展阶段,与研究机构和企业的合作进一步拓宽和深入。同年12月,团队研究成果"超精密六轴联动抛光及检测一体机"获教育部和科技部举办的第十二届"春晖杯"中国留学人员创新创业大赛"优胜奖"和"一带一路"科技创新奖。该项目获得"春晖杯"组委会和同行专家评委会重点推荐。2018年6月,经由大赛组委会邀请,童振被聘为第十三届"春晖杯"中国留学人员创新创业大赛曼城领区分赛大赛评委,并出任第一届曼城领区科技成果转化中心主任,助力领区学者科创实践。

"勇于创新,敢于实践",童振的成功秘诀,也恰恰源于此。从事技术创新和理论研究,童振笃信"时势造英雄,实践出真知",他始终认为,科学研究应该和工程应用需求相结合,好的技术创新思路,离不开长期的实践积累,也离不开胆识,要敢为天下先。遇到难题怎么办?什么不会立马学什么!在童振的床头,放置着数本与理论力学、信号分析和智能制造相关的书籍,每天清晨两小时,他始终没有放弃过学习和自我提升。未来制造离不开机械设计、机械制造、自动化控制、在线检测和计算机专业许多方面的知识,需要多学科技术的集成。2019年他申请获得的英国EPSRC战略装备项目将为其探索未来高端智能制造及检测技术提供先进的技术研究平台。未来高端智能装备将逐渐实现无人化,从产品质量到提高生产率到个性化设计生产一体化,带动整个产业化的升级发展。

在哈工大学习生活工作的经历,让童振打下了坚实的理论基础,让他在科研事业上与高端制造"牵手",他将哈工大校训"规格严格,功夫到家"的精神馈赠融入了自己在海外多年的科研时光里,勇于创新,敢于实践。虽然在哈工大的实际研究学习时间只有短暂的不到四年的时光,但每个阶段,每一次与国内导师和课题组老师们的电话交流,对于童振来说,都意味着新鲜知识的汲取和人生阅历的丰富。感恩所有,因为哈工大课题组的中英项目合作交流的机会,才有了他在海外长期学习生活、深入了解国际科技前沿问题的机会,求学和职业生涯的轮廓,也因此描绘出非常清晰的一笔!

童振在实验室工作

郑凯伦
HAGONGDA REN ZAI HAIWAI

  2007至2013年就读于哈尔滨工业大学材料科学与工程学院，先后获得学士、硕士学位。2013年进入英国帝国理工学院机械工程学院材料力学系攻读博士，于2016年获得工学博士学位。毕业后，他继续在帝国理工学院进行博士后研究。

回忆哈工大

当哈工大英国校友会会长王礼良老师告知郑凯伦参与本书的编写时，他的记忆瞬间回到了十年之前欢声笑语、昂扬向上的哈尔滨工业大学体育场。

那年郑凯伦大学三年级，穿着粉红色的纪念衫，坐在属于材料学院的体育场左侧观众席，见证并参与了母校盛大的九十年校庆的系列活动。他还清楚地记得在晚会上，大屏幕中播出了过往知名的哈工大校友与他们的杰出贡献的纪录短片，当时郑凯伦还与身边的同学开玩笑说自己什么时候有机会也能像校友来宾一样，让母校以他为傲。转瞬之间，十年已过，郑凯伦的身份已从一名20出头的学子转变成了已是而立之年的海外校友。自2013年到英国留学已经有五年多的时间，但其间郑凯伦与母校的联系和对母校的牵挂从未间断。每次回国，回到哈工大校园，他都要拉着还在学校的同学或是朋友来到校门前合影留念，年复一年，可以合影的人越来越少，但他内心对母校的情感却是越积越厚。

结缘哈工大

郑凯伦与哈工大的结缘，还要从他高中谈起。

当年郑凯伦从黑龙江的小县城来哈三中读高中，每到周末闲暇时，总爱坐一个小时的公交去到哈工大的致知楼里自习备考，抑或去篮球场打打篮球。郑凯伦的父亲是个匠人，没有上过大学，但他每每谈到哈工大之时，无比向往之外，也有一份不可言表的自豪。不可否认，今天黑龙江的发展受地缘限制，虽然没有新中国成立时的地位与辉煌，但哈工大从未衰落与后退，正如矗立于西大桥之上的宏伟主楼一样，是黑龙江独有的标签，承载着祖国军工的记忆，也守着每一个哈工大人心中的寄托。这些也都对郑凯伦后来去哈工大求学产生了一些影响。

高中毕业后，郑凯伦报考了哈工大材料学院材料成型及控制专业，并顺利地被哈工大录取。

入学第一天的专业介绍让郑凯伦第一次对这所学校和专业有了深入了解。那天，学院请来了王仲仁教授、康达昌教授、吕炎教授等全国知名的退休教师，老先生们均已是大专家、行业翘楚。郑凯伦和他的同学们也十分荣幸能如此近距离地聆听他们的经验，也正是从他们的口中，首次了解了他现在的专业所学。在后来的回忆中，郑凯伦还开玩笑地比喻："我们是身体素质不达标的'铁匠'。"

郑凯伦说，他们的专业不是传统意义上的抡锤子打铁，而是用设备、用知识去科学有效地变形材料，进而制造形状复杂、服役条件苛刻、祖国航空航天工业亟需的关键构件。现在郑凯伦每当回想起王仲仁先生说的"当同学们都欢欣鼓舞地庆祝'神舟6号'飞船发射成功之时，我所盼的就是自己承担的任务得到完成，没有为祖国的航天事业拖后腿"这句话时，这份朴实、充满情怀与责任感的体会让郑凯伦觉得言犹在耳，备受感动与鼓舞。

经过大一、大二的基础课学习之后，郑凯伦在大三开始接触专业课与毕业课题，导师是苑世剑教授。苑老师领导的内高压课题组，曾多次获得国家国防科技进步奖，是世界三大内高压生产基地之一。导师本人也是继王仲仁先生之后，国际塑性加工学会唯一的中国常务理事。在哈工大，有个八百壮士的"传说"：20世纪50年代，800多名青年师生响应国家号召，从祖国各地齐聚哈尔滨工业大学，为我国快速发展的高等教育及国家工业化建设做出了突出贡献。这支平均年龄只有27.5岁的教师队伍，就是后人常常提起的哈工大"八百壮士"。虽然哈工大八百壮士已是校园里心口相传的故事，似乎离郑凯伦这一代学生很遥远，但是郑凯伦觉得在先生、导师身上却总能看到、体会到当年八百壮士的精神，都能让他体会到"规格严格，功夫到家"这句质朴、看似刻板的校训的真正意义。

英国求学

硕士毕业，在导师的推荐下，郑凯伦去英国帝国理工学院继续攻读博士学位，师从英国皇家工程院院士林建国教授，他的英国生活也就从此开始。

2013年9月15日，郑凯伦到达英国，下飞机出关，熟识的朋友已等候多时。同窗校友吴广昌通过哈工大与英国伦敦大学玛丽女王学院的联合项目比郑凯伦早来伦敦两年。挚友的迎接彻底消除了郑凯伦第一次出国的紧张与不安，似乎瞬间回到了那个卧谈、打球、备考的校园年代。

留学生的生活并不富裕，伦敦的住宿与交通成本极高，一半的奖学金都用来支付房租。幸运的是有朋友的安排与帮助，让郑凯伦少去了找房子、搬家的奔波与惶恐。当日后在哈工大校友聚会上，聆听Brunel著名校友程凯教授回忆当年求学的艰辛时，对比自己，远在他乡的郑凯伦更加深刻地体会了情同手足的同窗情谊。后来每当有母校老师到英国，或者校友聚会的时候，郑凯伦总会格外欣喜地前往，认识一下未见过的师兄师姐，回忆母校的过往。当听到老师们介绍母校近年来的蓬勃发展，虽然发生在8千公里之外，郑凯伦也觉得仿佛离自己如此之近，自豪兴奋的情绪冲淡了异国求学的艰难与孤独，无论何时，身后都有强大的母校支持，自己的身上贴着一枚鲜明的哈工大人标签，归属感在那一刻无比强烈。

回顾在英国的博士四年，帝国理工浓厚且竞争激烈的学术氛围让郑凯伦印象深刻。郑凯伦所从事的课题研究主要是解决汽车工业中的轻量化问题，这与哈工大善于解决、攻克重大工程问题的传统十分相似。

在读博期间，郑凯伦十分幸运地参与了导师林建国院士牵头的欧盟联合项目，与来自多个国家科研机构、企业的学者们一起将一项专利成功推广至工业化的实际生产中，从中了解技术成果转化的思路与实施方法，在从事研究世界领先技术的同时，也有机会见识了国际化的项目管理，收益良多。由于在海外的地理位置优势，郑凯伦还参加了数次该领域的重要国际会议，借助这些机会，与在哈工大时候的导师苑世剑教授相聚了数次。

郑凯伦还一直记得 2017 年在剑桥的 ICTP 会议上，毕业多年后再次见到敬爱的老师，彼时郑凯伦内心少了些当年师生相处的紧张，以往的工作科研汇报变成了与老师坐在国王学院对面咖啡厅悠闲的谈心。导师与他分享了组里的大事与成果，指导了他的科研课题，更细心地传授了宝贵的科研思路。郑凯伦得知导师课题组里的每一个型号任务与课题都可谓时间紧、任务重、责任与压力巨大，遂好奇地问了下导师的初心。导师很平和地对他讲："这种难度的任务如果我们不接就没人敢接了，没有什么可担心的，责任我来扛。"可以想象如此安静的话语背后有过怎样的波澜壮阔，云淡风轻的背后又有多少如老师一般勤勤恳恳、默默付出的哈工大人的努力。就在那时，郑凯伦如此深刻地体会了八百壮士的情怀，也切身地感受了何谓在今天和平年代每一个哈工大人身上应有的责任与担当。不久前，郑凯伦获悉那个任务已成功应用在运载火箭的储箱结构上，解决了长期以来国外对于该技术的垄断。

当走出咖啡馆、看着身边走过的异国面孔的时候，郑凯伦以作为哈工大和老师的学生感到无比自豪。

2018年末，在由英国校友会会长王礼良老师和秘书长田应涛老师组织的哈工大校友会上，郑凯伦既认识了早在恢复高考第一年入学的哈工大著名校友，又欢迎了刚刚来到英国的师弟师妹们。令郑凯伦感到十分惊讶的是，哈工大的校友并不局限于"求学"这个唯一选择，而是早已遍布于各个领域，并取得了卓越的成绩。每个校友都分享了自己宝贵的经历与经验，饶有兴致地谈起过去在母校的大学时光。甚至当年的抱怨都变成了今时轻松的吐槽：一公寓还是全亚洲最大的男生公寓吗？致知楼的桌椅换新的了吗？当年流传的哈工大的传奇们还在校园吗？这也正是应了那句"母校是一个自己可以尽情吐槽，但容不得外人说它半点不好"的话的体现吧。

在去往剑桥的路上，郑凯伦以及他的校友们探讨过不知道谁是第一个来到英国的哈工大校友，或许踪迹历史已无处可寻，但他们深信，在海外的各行各业都会有哈工大人的身影，一代又一代传递着哈工大人的精神与力量。"为了理想，为了未来，我们来到滔滔的松花江畔"，带着母校的哺育，一批又一批哈工大人远赴海外，求学创业，在各自的领域贡献着校友的力量。时光荏苒，哈工大已走过百年岁月，郑凯伦也与他的校友们一起，衷心地祝福母校的未来更美好。

哈工大人在海外

王 一
HAGONGDA REN ZAI HAIWAI

HARBIN INSTITUTE OF TECHNOLOGY

  2012年毕业于哈尔滨工业大学机电工程学院，获得学士学位。同年，进入英国曼彻斯特大学机械设计专业学习，获得硕士学位。2013年进入英国帝国理工大学机械工程学院材料力学课题组对粉末冶金中粉末之间的结合过程进行研究，于2017年获得博士学位。毕业后，他选择进入英国西门子数字化工业软件公司，从事企业数字化转型等相关工作。作为90后的第一批哈工大人，王一深知"规格严格，功夫到家"的校训是所有哈工大人立足于各自行业的根本。夯实基础知识、提高专业本领是他在求学和科研过程中秉持的信条。然而，在信息高速发达、科技日新月异的今天，第四次工业革命的进程已不可阻挡，他意识到只有与时俱进、拓宽视野、放眼世界，才能将所学到的知识和本领应用于实践，才能更好地将哈工大的精神传承下去。为此，他立志要努力做好一个新时代的哈工大人。

薪火相传 做新时代的哈工大人

"哈工大之家"

虽然还不到而立之年,但王一与哈工大的缘分却可以追溯到三十多年前。

1985年,王一的父母分别进入哈工大材料学院铸造专业学习,两人在同一班级相识、相恋,后来有了王一,由此,说王一是生于"哈工大世家"也不为过。作为一个"哈工大家庭"的孩子,他从小就被父母教导"用心做事,精益求精",可以说哈工大"规格严格,功夫到家"的校训精神伴随了他的整个成长过程。

2008年,王一高考,如愿进入哈尔滨工业大学求学,就读于机电工程学院机械设计制造及其自动化专业。此前,王一进入哈工大的身份一直是"哈工大家庭的孩子",而这一次,是他第一次以哈工大学子的身份踏入童年时代就曾经走过的校门,那种熟悉又陌生的感觉让他的内心无比激动,又满是憧憬。

来到哈工大不仅让王一学习到了扎实的专业知识,更培养了他对科技创新的浓厚兴趣。

2009年,大学二年级的王一加入了机电工程学院科技协会,后来由于

王一和父母在哈工大校训石前合影留念

表现优异，还担任了科技协会副主席、主席。也是在机电工程学院科技协会，王一第一次接触了三维建模仿真软件和可编程控制器，开启了他深入了解三维建模和编程的大门。在科技协会期间，他还参与组织了"仿生机器人"大赛、"鸡蛋撞地球"趣味设计大赛和一系列的科技创新讲座。科技协会的经历让他体会到了学以致用的快乐与满足感。那些对他来说全新的知识和技术更让他感到无比的新奇与兴奋。这种对新事物的渴求感也成为影响他之后求学和人生道路选择的重要因素之一。

2010年，在哈工大建校90周年的庆典中，作为校庆志愿者的他与作为校友被邀参加校庆的父母在哈工大校训石前留下了"哈工大之家"的纪念。

"哈工大给了我生命，因为我的父母就相识于此。哈工大承载了我的青春，因为我把生命中最美好的四年留在了这里。"每每提到母校，王一总是感慨颇深，他觉得自己不管走到哪里都有着一份对哈工大难以割舍的情感。

留学英伦

本科毕业之后，王一选择来到孕育了第一次工业革命的英国留学。

人虽在海外，根却在国内，作为"土生土长"的哈工大人，他时刻不敢忘记以"规格严格，功夫到家"的校训来鞭策自己。硕士期间，他以优异的成绩取得了一等学位。博士课题研究期间，他创新性地采用多尺度数值模拟方法对粉末的结合过程进行建模仿真，并提出了一套适用于多种材料的模拟方案。王一参与发表了多篇国际性学术论文，其研究成果对于优化特定粉末冶金工艺的过程参数有着重要意义。

"来英国留学不仅仅使我增长了知识，更重要的是让我开阔了视野、丰富了阅历。"王一如此评价自己英国留学的经历。

在英国求学的几年里，除了学习研究自己专业相关的内容，他还时刻关注工业界的发展动态。2013年，当"工业4.0"的概念初次进入人们视野的时候，王一就对它产生了浓厚的兴趣。闲暇时间里，他总会搜集一些与之相关的信息。他真切地感受到随着数字化和网络等相关技术的日趋成熟，第四次工业革命已经悄然到来。

助力工业4.0，做新时代的哈工大人

2017年，博士毕业之后，王一收到了来自工业4.0领航企业西门子数字化工业软件公司的录取通知。

那时，他面临着两种选择：一是继续科研，二是进入企业工作。看似

简单的二选一却需要巨大的勇气，因为四年来在专业上的积累会给他继续从事科研工作带来极大的"便利"，可是如果选择进入软件公司，这些"便利"便不复存在，他面临的可能会是一切"从零开始"。最终，他还是遵从内心，选择了自己更感兴趣的软件公司工作。

"我从来不认为进入一个软件公司是浪费了我博士四年的经历。"王一这样评价他自己做出的选择，"博士四年除了学习到的知识和掌握的技能，更多的是让我认识到了对于一个人来讲，这个世界上的'未知'要远大于'已知'。博士的锤炼就是让我能坦然面对'未知'并应用自己分析问题、解决问题的能力将'未知'变成'已知'。"如今，他已经在西门子工业软件工作了两年多的时间，每天接触到的大量新技术和面对的不同挑战让他感到十分充实。

王一坦言，在这个知识快速更新的时代，每个人都要不断地面对未知，

2016年在波兰参加第16届金属成型国际会议

不断地快速学习，大量的信息填充很容易让人"飘"起来。这种情况下，很多重要的知识其实并没有被完全掌握，有时甚至会被遗漏。所以，他时常提醒自己要"快中有慢"，绝不放过工作中的每个细节。他认为，新时代的哈工大人应该懂得如何将"规格严格，功夫到家"这种踏实严谨的作风与快节奏的时代发展潮流相结合。他还表示希望自己可以铭记哈工大精神，用心做事，在未来踏实地走好每一步，为母校争光，为祖国的建设、发展尽自己的一份力。

以优异成绩通过西门子技术培训考核